www.ingramcontent.com/pod-product-compliance
Lightning Source LLC
LaVergne TN
LVHW010552070526
838199LV00063BA/4947
9789358720976

سابق ریاست حیدرآباد دکن کے عطیات

(تحقیقی مضامین)

داؤد اشرف

© Dawood Ashraf

Saabiq riyasat Hyderabad Deccan ke atiyaat
by: Dawood Ashraf
Edition: July '2024
Publisher :
Taemeer Publications LLC (Michigan, USA / Hyderabad, India)

ISBN 978-93-5872-097-6

مصنف یاناشر کی پیشگی اجازت کے بغیر اس کتاب کا کوئی بھی حصہ کسی بھی شکل میں بشمول ویب سائٹ پر اَپ لوڈنگ کے لیے استعمال نہ کیا جائے۔ نیز اس کتاب پر کسی بھی قسم کے تنازع کو نمٹانے کا اختیار صرف حیدرآباد (تلنگانہ) کی عدلیہ کو ہوگا۔

© داؤد اشرف

کتاب	:	**سابق ریاست حیدرآباد دکن کے عطیات**
مصنف	:	**داؤد اشرف**
پروف ریڈنگ / تدوین	:	مکرم نیاز
صنف	:	تحقیق
ناشر	:	تعمیر پبلی کیشنز (حیدرآباد، انڈیا)
سالِ اشاعت	:	۲۰۲۴ء
صفحات	:	۱۰۴
سرورق ڈیزائن	:	تعمیر ویب ڈیزائن

فہرست

(۱)	جامعہ عثمانیہ کی عمارتوں کی تعمیر کے لیے حیدرآباد کی امداد	6
(۲)	ادارۂ ادبیاتِ اردو: سابق ریاست حیدرآباد کا تعاون	25
(۳)	علی گڑھ میں میڈیکل کالج کا قیام: سابق ریاست حیدرآباد کا عطیہ	31
(۴)	دارالعلوم ندوۃ العلماء لکھنؤ: سابق ریاست حیدرآباد کی امداد	37
(۵)	بنارس ہندو یونیورسٹی کو حیدرآباد کی امداد	44
(۶)	انگلینڈ اور ہالینڈ کے علمی ادارے: سابق ریاست حیدرآباد کی امداد	51
(۷)	اسکول آف اورینٹل اسٹڈیز لندن یونیورسٹی: سابق ریاست حیدرآباد کی امداد	58
(۸)	مندر ہزار ستون اور قلعہ ورنگل کی بہتر نگہداشت: حیدرآباد کا عطیہ	64
(۹)	مہابھارت کی اشاعت کے لئے سابق ریاست حیدرآباد کی امداد	71
(۱۰)	حیدرآباد میں گوکھلے میموریل اسکالرشپ کا قیام: سابق ریاست حیدرآباد کا عطیہ	80
(۱۱)	مارماڈیوک پکتھال اور ترجمۂ قرآن مجید	86
(۱۲)	نواب عماد الملک کا ترجمۂ قرآن مجید حیدرآباد دکن میں	96

جامعہ عثمانیہ کی عمارتوں کی تعمیر کے لیے حیدرآباد کی امداد

حیدرآباد میں جامعہ عثمانیہ کا قیام ایک عظیم تاریخی واقعہ تھا۔
اس دانش گاہ نے نہ صرف یہ کہ سابق ریاست حیدرآباد میں اعلیٰ تعلیم کی روشنی پھیلائی بلکہ اس مخزن علوم وفنون کی وجہ سے ہمہ جہتی ترقی خاص کر معاشی و صنعتی ترقی کی راہیں کھل گئیں۔ اس عظیم جامعہ کے کیمپس اور عمارتوں کی تعمیر کی بھی اپنی ایک تاریخ ہے۔ میں نے آندھرا پردیش اسٹیٹ آرکائیوز اینڈ ریسرچ انسٹی ٹیوٹ میں محفوظ ریکارڈ کے مواد کی بنیاد پر چھان بین کر کے۔ تحقیق کی مختلف کڑیوں کو جوڑ کر متعلقہ مطبوعات اور محصلہ مواد کی مدد سے یہ مضمون قلمبند کیا ہے جس میں کیمپس کے لئے دور دور تک پھیلی ہوئی اراضی کے انتخاب کے سلسلے میں ابتدائی تجویز سے لے کر فقید المثال آرٹس کالج اور دیگر عمارتوں کی تعمیر کے منصوبے، معماروں کے انتخاب، ہر مرحلہ پر فیاضانہ رقمی منظوریاں اور آرٹس کالج کی عمارت کے افتتاح کی یادگار تقریب کا بیان شامل ہے۔
ان تمام تفصیلات سے واضح ہو گا کہ اعلی تعلیم کی قدر دانی میں بھی حیدرآباد بر صغیر کے دوسرے علاقوں سے پیچھے نہ تھا۔ اس علاقے کی تعلیمی پسماندگی کے اسباب دوسرے تھے جن میں تاریخی، سماجی اور معاشی اسباب شامل تھے جو دیسی ریاستوں کا مقدر بنے ہوئے تھے لیکن اعلیٰ تعلیم کی اشاعت اور ترقی کے لئے عظیم پیمانے پر جامعہ عثمانیہ کے قیام کے ذریعہ جو جست لگائی گئی تھی وہ نہ صرف دیسی ریاستوں کیلئے بلکہ ملک کے دوسرے حصوں

کے لئے بھی لائق تقلید تھی۔

اس جامعہ کی تعمیر کے سلسلے میں منصوبہ سازی اور حکمت عملی میں پون صدی قبل مستقبل کی ضروریات اور تقاضوں کا خاص خیال رکھا گیا تھا جس کا اظہار اس جامعہ کے کیمپس کے طول و عرض اور اس کی وسعتوں سے ہوتا ہے جن میں ضروریات کے سینکڑوں گنا اضافہ کو بہ سہولت سمو دیا گیا ہے اور شاید آئندہ طویل مدت تک بھی یہ احاطہ مسلسل جامعہ کی ترقی پذیر ضروریات کے سلسلہ میں تنگدامانی کا احساس ہونے نہ دے گا۔

جامعہ عثمانیہ کی عمارتوں کی تعمیر کے لئے ابتداء میں بمقام اڈیکمیٹ ۱۴ سو ایکڑ اراضی کا علاقہ پسند و منتخب کیا گیا لیکن علی نواز جنگ معتمد تعمیرات نے جامعہ کی عمارتوں کو بمقام گولکنڈہ تعمیر کرنے کی تجویز پیش کی۔ آصف سابع نے اس تجویز کو منظوری دینے کی بجائے جامعہ کی عمارتوں کی تعمیر کے لئے شاہی عمارتوں کی پیش کش کی۔ چونکہ شاہی عمارتوں سے جامعہ کی ضروریات کی تکمیل ممکن نہیں تھی اس لئے یہ اسکیم عملی صورت اختیار نہ کر سکی۔ ملک پیٹھ میں بھی جامعہ کی عمارتوں کو تعمیر کرنے کے بارے میں غوروخوض کیا گیا لیکن یہ اراضی بھی جامعہ کی ضروریات کے لئے کافی نہیں تھی اس لئے آخر کار بمقام اڈیکمیٹ ہی عمارتوں کی تعمیر شروع کرنے کے احکام جاری کئے گئے۔ مقام کے انتخاب کے لئے جنوری ۱۹۲۱ء میں کارروائی کا آغاز ہوا تھا اور اس بارے میں آٹھ سال بعد جنوری ۱۹۲۹ء میں قطعی فیصلہ ہوا اور منظوری دی گئی۔ جامعہ عثمانیہ کی عمارتوں کی تعمیر کے سلسلے میں محکمہ تعمیرات کے دو انجینئروں کو بیرونی دورے پر روانہ کیا گیا تا کہ وہ ان ممالک کی جامعات کے لئے تعمیر کردہ نئی عمارتوں کا معائنہ کریں۔ ایک بیرونی ماہر فن کا مشیر آرکیٹکٹ کے طور پر تقرر کیا گیا۔ آرٹس کالج کی عمارت کی تعمیر کا کام ۱۳/ جنوری

۱۹۳۴ء سے شروع ہوا اور نومبر ۱۹۳۹ء میں پایہ تکمیل کو پہنچا۔ احاطہ جامعہ عثمانیہ میں آرٹس کالج کی عمارت کے علاوہ دیگر عمارتوں کی تعمیر کا سلسلہ بھی جاری رہا ان عمارتوں کی تعمیر پر بے دریغ رقومات صرف کی گئیں۔ چونکہ اڈیکمیٹ میں بڑی اور مستقل عمارت کی تعمیر کے لئے کافی عرصہ درکار تھا اس لئے کیمپس میں پہلے عارضی عمارتیں تعمیر کی گئیں اور جامعہ ۱۹۳۴ء میں توپ کا سانچہ اور کنگ کوٹھی روڈ پر واقع کرایہ کی عمارتوں سے ان نئی تعمیر شدہ عارضی عمارتوں میں منتقل ہوئی۔ آرٹس کالج کی عمارت کی تعمیر پر تقریباً تیس لاکھ روپے صرف ہوئے اور اس عمارت کی تعمیر مکمل ہونے پر آصف سابع نواب میر عثمان علی خان نے ۴/ دسمبر ۱۹۳۹ء کو ایک تقریب میں اس عظیم الشان عمارت کا افتتاح کیا۔

آندھرا پردیش اسٹیٹ آرکائیوز میں اس بارے میں جو سرکاری کارروائیاں دستیاب ہیں ان کا خلاصہ ذیل میں درج کیا جاتا ہے۔

سر علی امام، صدر اعظم اور دیگر دو عہدیداروں نے جامعہ عثمانیہ کی عمارتوں کی تعمیر کے لئے اراضی کے انتخاب کی غرض سے دو مقامات کا معائنہ کیا تھا۔ ایک تالاب ماں صاحبہ کے قریب دوسرا بمقام اڈیکمیٹ۔ قطعہ اول الذکر آبادی کے قریب اور نشیب میں واقع تھا اور وہاں مزید توسیع کی گنجائش نہیں تھی اس لئے اسے ناپسند کیا گیا۔ ثانی الذکر بالاتفاق پسند کیا گیا۔ ایک عرضداشت مورخہ ۳/ جمادی الاول ۱۳۳۹ھ م ۱۳/ جنوری ۱۹۲۱ء میں اس قطعہ اراضی کے بارے میں یہ تفصیلات درج کی گئی کہ قطعہ مذکور بمقام اڈیکمیٹ، باغ لنگم پلی سے کوہ مولا علی کو جانے والی سڑک پر لوکل اسٹیشن سے دو فرلانگ کے فاصلے پر ہے۔ یہ مرتفع مقام متعدد ٹیلوں پر مشتمل ہے، جہاں سے شہر کا خوش نما منظر پیش نظر رہتا ہے۔ ان ٹیلوں پر جامعہ عثمانیہ کی عمارتیں، تدریسی اسٹاف کے

رہائشی مکانات اور بورڈنگ ہاؤز بنائے جاسکتے ہیں۔ اس کے عقب میں وسیع میدان ہے جو کھیل اور تفریح گاہ کے کام میں لایا جاسکتا ہے۔ چلکل گوڑہ کے خزانہ آب سے مقام مذکور کو پینے کا پانی سربراہ کیا جاسکتا ہے۔ اڈیکمیٹ کے قطعہ اراضی کے بارے میں تفصیلات درج کرنے کے بعد عرضداشت میں لکھا گیا کہ جامعہ عثمانیہ کے لءے چودہ سو ایکڑ اراضی حاصل کرنے کی تجویز کی گئی ہے تاکہ آئندہ مزید توسیع کی گنجائش رہ سکے اور جامعہ کی عمارتوں کے قریب دوسری عمارتوں کے تعمیر ہونے کا اندیشہ نہ رہے۔ اس اراضی کا ۲۵ سالہ معاوضہ سرسری طور پر دولاکھ قرار پایا ہے اور عہدیدار خاص کی طرف سے تشخیص کے بعد بموجب تشخیص رقم ادا کی جائے گی۔ عرضداشت کے آخر میں آصف سابع سے سرسری برآورد رقمی دولاکھ کی منظوری صادر کرنے کی درخواست کی گئی۔

آصف سابع نے جامعہ عثمانیہ کی عمارات کے لئے اڈیکمیٹ کا مجوزہ علاقہ پسند نہیں کیا۔ وہ کسی دور دراز مقام کی بجائے اندرون شہر جامعہ عثمانیہ کی عمارات تعمیر کروانا چاہتے تھے چنانچہ ان کا جو فرمان مورخہ ۱۰ / جمادی الاول ۱۳۳۹ھ م ۲۰ / جنوری ۱۹۲۱ء صادر ہوا تھا اس کا متن درج ذیل ہے۔

کیا جامعہ عثمانیہ کے لئے ہائی کورٹ وغیرہ کی مانند اندرون شہر کوئی جگہ تجویز نہیں ہو سکتی۔

اڈیکمیٹ جیسے دور دراز مقام کی بہ نسبت ہائی کورٹ کی عمارت کے قریب ہی کوئی عمدہ مقام تجویز ہو تو زیادہ مناسب رہے گا۔ اس بارے میں صیغہ متعلقہ سے جلد کیفیت پیش ہو۔

آصف سابع کے مذکورہ احکام کی تعمیل میں مجلس اعلی جامعہ عثمانیہ کے اجلاس میں یہ مسئلہ پیش ہوا جس میں مجلس اعلیٰ جامعہ عثمانیہ کے اراکین کے علاوہ چیف انجینئر شریک

معتمد تعمیرات اور معتمد مجلس آرائش بلدہ بھی مقام کے انتخاب کی نسبت مشورہ دینے کے لئے مدعو کئے گئے تھے۔ مجلس اعلیٰ جامعہ عثمانیہ کے سامنے یہ کیفیت پیش ہوئی کہ آصف سابع کا فرمان صادر ہونے کے بعد اکبر حیدری معتمد تعلیمات، کرامت اللہ شریک معتمد تعمیرات اور راس مسعود ناظم تعلیمات نے ان کل اراضیات کا معائنہ کیا جو اندرون شہر رود موسی کے کنارے واقع ہیں۔ ان میں دو قطعات قابل غور تھے۔ ایک مستقل عمارت سٹی ہائی اسکول اور دوسرا قلعہ گولکنڈہ کے پریڈ گراؤنڈ کے قریب کا علاقہ۔ اول الذکر اس قدر وسیع نہیں ہے کہ جامعہ عثمانیہ کی ضرورت کے لئے کافی ہوسکے اور آخر الذکر شہر سے اس قدر فاصلہ پر ہے جس قدر اڈیکمیٹ۔ مجلس اعلیٰ جامعہ عثمانیہ کی جانب سے تمام امورر غور کرنے کے بعد بالاتفاق طے پایا کہ آصف سابع کی خدمت میں یہ عرض کیا جائے کہ جملہ حالات کے پیش نظر اڈیکمیٹ کا مقام جامعہ عثمانیہ کی عمارتوں کی تعمیر کے لئے بہترین ہے۔ مجلس اعلیٰ جامعہ عثمانیہ نےہ تجویز کیا کہ جامعہ عثمانیہ کی عمارتوں کی تعمیر کے لئے ماہر فن آرکٹیکٹ کا انتخاب ایک کمیٹی میں کیا جائے جس کے اراکین سر اعلی امام، صدر اعظم، گلانسی، صدر المہام فینانس، اکبر حیدری، معتمد تعلیمات اور کرامت اللہ، شریک معتمد تعمیرات ہوں۔ نیز جامعہ عثمانیہ کی عمارتوں کی تعمیر مشرقی طرز پر ہو اور ہندوستان کے قدیم اسلامی طرز تعمیر Indo Saracenic کو ترجیح دی جائے۔ جب مذکورہ بالا تفصیلات ایک عرضداشت کے ذریعہ آصف سابع کے ملاحظہ اور احکام کے لئے پیش کی گئیں تو آصف سابع کا حسب ذیل فرمان مورخہ ۱۲/ذی قعدہ ۱۳۳۹ھم ۱۸/جولائی ۱۹۲۱ء صادر ہوا۔

جب کہ جامعہ عثمانیہ کے لئے اڈیکمیٹ سے بہتر دوسری جگہ دستیاب نہیں ہوسکتی ہے تو مجلس اعلیٰ اور صدر اعظم کی رائے مناسب ہے۔ حسبہ جامعہ عثمانیہ کی عمارات کی

تعمیر کے لئے اڈیکمیٹ میں چودہ سو ایکڑ اراضی حاصل کی جائے اور حصول اراضی و تصفیہ معاوضہ کے لئے ایک عہدہ دار مقرر کیا جائے اور جامعہ عثمانیہ کی عمارات کے لئے ماہر فن کا انتخاب ایک کمیٹی کے ذریعہ سے کیا جائے جس کے صدر نشین صدر اعظم اور ارکان صدر المہام فینانس، معتمد تعلیمات و معتمد تعمیرات، شاخ عام مقرر ہوں۔ جامعہ عثمانیہ کی عمارات کی تعمیر مشرقی طرز پر ہو اور ہندوستان کے قدیم اسلامی طرز کو ترجیح دی جائے۔

مذکورہ بالا فرمان کی تعمیل میں ماہر فن کے انتخاب کے لئے مجوزہ کمیٹی کا انعقاد عمل میں آیا جس نے ماہر فن کے انتخاب کے بارے میں اپنی رائے پیش کی۔ باب حکومت نے ایک قرار داد میں مہر علی فاضل کے تقرر کی اس بنیاد پر سفارش کی کہ وہ پانچ سال سے جدید عمارتوں کی تعمیر پر مقرر ہیں اور جن کی ذاتی نگرانی میں عدالت العالیہ، سٹی ہائی اسکول مکمل ہو چکے ہیں اور عثمانیہ جنرل ہاسپٹل زیر تعمیر ہے۔ ماہر فن کے انتخاب کے لئے کمیٹی کی رائے اور باب حکومت کی قرار داد کو ایک عرضداشت میں درج کر کے اسے آصف سابع کی خدمت میں پیش کیا گیا۔

آصف سابع نے حسب ذیل فرمان مورخہ رجب ۱۳۴۰ھم ۸ مارچ ۱۹۲۲ء کے ذریعہ مہر علی فاضل کے تقرر کی منظوری دی۔

باب حکومت کی رائے مناسب ہے، حسبہ عمارات جامعہ عثمانیہ اور دیگر سرکاری عمارتوں کی تعمیر کے لئے ایک مستقل جائداد و آرکٹیکٹ کی قائم کر کے اس پر مہر علی فاضل کا تقرر کیا جائے اور ان کو اس خدمت کے ماہوار ابتدائی ایک ہزار تین سو روپے با اضافہ پچاس روپے سالانہ ماہوار انتہائی ایک ہزار پانچ سو روپے دی جائے۔ مگر مہر علی فاضل کے تیار کئے ہوئے نقشہ جات پر بصورت ضرورت باہر کے بہترین ماہر فن سے وقتاً فوقتاً مشورہ لیا جاسکتا ہے۔

اڈیکمیٹ میں جامعہ عثمانیہ کی عمارتوں کی تعمیر کے سلسلہ میں ابتدائی نوعیت کے کام کا آغاز ہوا اور آصف سابع نے فرمان مورخہ ۷/اکتوبر ۱۹۲۲ء کے ذریعہ اڈیکمیٹ میں واقع منظورہ مقام کی زمین کو ہموار کرنے اور سڑکیں بنانے کے لئے ایک لاکھ روپے کی بر آورد منظور کی۔

آصف سابع جامعہ عثمانیہ کی عمارتیں علی نواز جنگ کی نگرانی میں تعمیر کروانا چاہتے تھے چنانچہ انہوں نے اس سلسلے میں حسب ذیل فرمان مورخہ ۲۰ جمادی الثانی ۱۳۴۳ھم ۲۷ جنوری ۱۹۲۴ء جاری کیا۔

میں نے قبل ازیں صادر کیا تھا کہ عثمانیہ یونیورسٹی کی عمارتوں کی تعمیر علی نواز جنگ معتمد تعمیرات کے زیر نگرانی ہونی چاہئے جس کے وہ ذمہ دار رہیں گے۔ اس کے معنی یہی ہیں کہ ان عمارات وغیرہ کے نقشوں کی تیاری بر آوردات کی ترتیب کا کام بھی ان سے متعلق رہے گا۔ پس ان کو حکم دیا جائے کہ بر آوردات مذکور مرتب کر کے حسب ضابطہ بذریعہ عرضداشت میری منظوری حاصل کریں۔

علی نواز جنگ، معتمد تعمیرات کے بارے میں فرمان صادر ہونے پر انہوں نے ایک خط اظہر جنگ کو تحریر کیا جس میں انہوں نے لکھا کہ عثمانیہ یونیورسٹی کی عمارتوں کی تعمیر کے لئے گولکنڈہ کا مقام بہت موزوں و مناسب رہے گا۔ آصف سابع نے علی نواز جنگ کے اس خیال کو قابل اعتنا سمجھا اور اس پر غور وخوض کے لئے ایک کمیٹی تشکیل دینے کے احکام صادر کئے۔ اس بارے میں آصف سابع کا جو فرمان مورخہ ۱۰ شعبان ۱۳۴۲ھم ۱۷ مارچ ۱۹۲۴ء صادر ہوا تھا اس کا متن ذیل میں درج کیا جاتا ہے۔

معتمد تعمیرات علی نواز جنگ کا خط موسومہ اظہر جنگ ملفوف ہے۔ اس میں معتمد تعمیرات نے اپنا خیال تعمیر عثمانیہ یونیورسٹی سے متعلق جو ظاہر کیا ہے وہ ایک حد تک قابل

غور ہے۔ پس ان امورات پر غور کرنے کے لئے تین اشخاص کی ایک کمیٹی منعقد کی جائے جس میں ایکرکن معتمد تعمیرات علی نواز جنگ۔ دوسرے ایک رکن باب حکومت مثلاً تلاوت جنگ اور تیسرے رکن حیدر نواز جنگ شریک رہیں اور ممکن ہو تو ایک اور رکن صیغہ تعلیمات سے مثلاً مسعود جنگ کو شریک کرلیا جائے اور مذکور کمیٹی تمام امورات پر غور کر کے اپنی رائے باب حکومت میں پیش کرے اور باب حکومت اپنی رائے کے ساتھحکم مناسب کے لئے میرے ملاحظے میں کارروائی پیش کرے جس کے لئے ایک ماہ کی مہلت کافی ہے۔

آصف سابع کے مذکورہ بالا حکم کی تعمیل میں کمیٹی تشکیل دی گئی تاکہ وہ اس امر پر غور کرے کہ جامعہ عثمانیہ کی عمارتوں کی تعمیر کے لئے گولکنڈہ کا مقام مناسب ہو گا کہ نہیں۔ کمیٹی کے تین اجلاس ہوئے اور کمیٹی نے جو رپورٹ مرتب کی تھی وہ باب حکومت کے اجلاس میں پیش کی گئی۔ باب حکومت کے بعض ارکان نے جن میں صدر اعظم بھی شریک تھے اڈیکمیٹ کے اس رقبہ اراضی کا معائنہ کیا جو عثمانیہ یونیورسٹی کی عمارتوں کے لئے منتخب کیا گیا تھا۔ معائنہ کے وقت علی نواز جنگ معتمد تعمیرات بھی موجود تھے جنہوں نے اس رقبہ اراضی کی نسبت یہ اعتراضات کئے تھے کہ اس مقام پر آبرسانی کے انتظامات میں ناقابل حل دشواریاں پیدا ہوں گی اور جملہ ضروریات کے لیے پانی نہیں پہنچ سکے گا اور دوسرے یہ کہ مجوزہ ڈرینج اسکیم سے اندیشہ ہے کہ اس علاقے میں مضر صحت اثرات پیدا ہوں گے۔ ان وجوہات کی بنا پر باب حکومت میں قرارداد منظور ہوئی کہ اڈیکمیٹ کا مقام یونیورسٹی کے لئے مناسب و موزوں مقام نہیں ہے اور باب حکومت کو گولکنڈہ کے مقام پر یونیورسٹی کی عمارتیں تعمیر کرنے سے اتفاق ہے۔ یہ تمام تفصیلات ایک عرضداشت میں درج کی گئیں اور اس عرضداشت کے ساتھ علی ناوز جنگ معتمد

تعمیرات کا خط اور کمیٹی کی رپورٹ آصف سابع کے احکام کے لئے پیش کی گئی۔ اس عرضداشت پر آصف سابع نے گولکنڈہ کے مقام پر جامعہ عثمانیہ کی عمارتیں تعمیر کرنے کی منظوری دینے کی بجائے خود اپنی رہائش کے لئے تعمیر کردہ عمارتوں کو جامعہ عثمانیہ کے لئے فراہم کرنے کا پیشکش کیا۔ اس بارے میں ان کا حسب ذیل فرمان مورخہ ۲۵ ذی الحجہ ۱۳۴۲ھ م ۲۸ جولائی ۱۹۲۴ء صادر ہوا۔

عثمانیہ یونیورسٹی کے لئے عمارتیں تعمیر کرنے کا جو مسئلہ اس وقت زیر غور ہے اس کے متعلق میں نے بعد غوروخوض بسیار یہی مناسب سمجھا کہ اس کے لئے میں خاص اپنے تعمیر کردہ عمارتیں دیدوں۔ یعنی کل نذری باغ (جس میں کہ اس وقت میرا قیام ہے) کل عثمان منشن و کل مدرسہ عالیہ تاکہ سب ضرورتوں کو یہ مختلف عمارتیں کافی ہو سکیں جو نہایت وسیع وشاندار عمارتیں ہیں جن کی لاگت میں صرف خاص نے لاکھوں روپیہ لگایا ہے اور مدرسہ عالیہ کا میدان کھیل کود کے واسطے زیادہ موزوں ہے۔ اس کے سوا یہ مقام وسط شہر میں واقع ہے جہاں کی آب وہوا ہمیشہ نہایت پاک وصاف رہتی ہے اور طرہ یہ کہ شہر سے بھی زیادہ بعد مسافت نہیں ہے۔ پس ان خوبیوں کے مد نظر دیوانی کی عمارتیں یونیورسٹی کے لئے تعمیر کرنے کی ضرورت باقی نہیں رہتی۔ البتہ ان عمارتوں وزمین ہائے متعلقہ کو ایک شرط سے دیا جاتا ہے کہ باضابطہ ان کی لاگت سے متعلق برآوردات مرتب ہوں اور جو کچھ لاگت ان کی قرار پائے وہ دیوانی یکمشت صرفخاص کو ادا کر دینے پر صرفخاص ان کو دیوانی کے تفویض کر سکتا ہے اور اسی کے ساتھ ہی کم از کم ۵ سال کی مہلت صرفخاص کو دی جائے تاکہ جو لوگ وسامان کہ اس وقت ان عمارتوں میں ہے وہ دوسری جگہ منتقل ہو سکے۔

جامعہ عثمانیہ کے لئے شاہی عمارتوں کا پیشکش کئے جانے کے بعد باب حکومت نے

عمارتوں سے متعلق مواد جامعہ عثمانیہ سے طلب کرنے کی اجازت مانگی تاکہ یہ اندازہ کیا جا سکے کہ جامعہ کی موجودہ اور آئندہ ضروریات کے لحاظ سے کتنی اور کس وسعت کی عمارتیں درکار ہوں گی۔ فرمان مورخہ غزہ ربیع الاول ۱۳۴۳ھ یکم اکتوبر ۱۹۲۴ء کے ذریعہ یہ حکم دیا گیا کہ یونیورسٹی سے مطلوبہ مواد طلب کر کے اس کو ایک کمیٹی میں پیش کیا جائے جس کے اراکین فصیح جنگ معتمد مال، مسعود جنگ ناظم تعلیمات اور علی نواز جنگ معتمد تعمیرات ہوں۔ کمیٹی کی رائے باب حکومت میں پیش کر کے اس کے نتیجے سے بذریعہ عرضداشت اطلاع دی جائے۔ اس حکم کی تعمیل میں مجلس اعلی جامعہ عثمانیہ سے مطلوبہ مواد طلب کر کے مجوزہ کمیٹی میں پیش کیا گیا جس میں جامعہ عثمانیہ کی ضروریات کا اندازہ کیا گیا اور شاہی عمارتوں کے نقشہ جات کو سامنے رکھ کر اس امر پر غور کیا گیا کہ آیا شاہی عمارتیں جامعہ عثمانیہ کی ضروریات کے لئے مکتفی ہو سکتی ہیں۔ کمیٹی ان امور پر کافی غوروخوض کے بعد حسب ذیل نتائج پر پہنچی۔

۱) جو ارضی مرحمت کئے جانے کی تجویز ہے اس کا رقبہ تیس ایکر ہے۔ اس قدر رقبہ جامعہ عثمانیہ کی اولین تعلیمی و انتظامی عمارتوں اور قیام گاہ طلبہ کیلئے ناکافی ہے۔

۲) شاہی عمارتوں میں ۵۰۰ سے زیادہ طلبہ کی رہائش کے لئے گنجائش نہیں ہے جب کہ جامعہ عثمانیہ کے لئے جو کہ رزیڈنشیل یونیورسٹی ہے ابتدا میں کم از کم ۵۰۰ سے زیادہ طلبہ کی رہائش کا انتظام لازمی ہے اور بعد میں ۲۰۰۰ طلبہ کا۔

مذکورہ بالا حقائق کے پیش نظر کمیٹی نے رائے دی کہ شاہی عمارتوں اور متصلہ اراضی سے جامعہ عثمانیہ کی ضرورتیں پوری نہیں ہو سکتیں۔ ایک عرضداشت مورخہ ۲۲ ذیعقدہ ۱۳۴۳ھ ۵ جون ۱۹۲۵ء کے ذریعہ کمیٹی کی رپورٹ آصف سابع کے ملاحظہ اور احکام کے لئے پیش کی گئی۔ اس عرضداشت پر آصف سابع کا کوئی فرمان صادر نہیں ہوا اور

تقریباً تین چار سال کی مدت تک جامعہ عثمانیہ کی عمارتوں کی تعمیر کے سلسلے میں کوئی قطعی فیصلہ نہیں ہو سکا کیونکہ اس دوران سرکاری دفاتر اور سکریٹریٹ کے دفاتر کے لئے مقام کے انتخاب اور عمارتوں کی تعمیر کا مسئلہ چھڑ گیا تھا۔ اسی اثنا میں بمقام ملک پیٹھ ابتدا میں جامعہ عثمانیہ اور بعد ازاں سرکاری دفاتر اور سکریٹریٹ کے دفاتر کی عمارتیں تعمیر کرنے کی تجویز پیش ہوئی۔ آصف سابق نے ملک پیٹھ میں سرکاری دفاتر اور سکرریٹریٹ کے لئے عمارتوں کی تعمیر کے سلسلے میں تجاویز پیش کرنے کے لئے ایک کمیٹی مقرر کی۔ اس کمیٹی نے متفقہ طور پر رائے دی کہ ملک پیٹھ کا مقام سکریٹریٹ کی عمارتوں کی تعمیر کے لئے موزوں نہیں ہے۔ اس کے چند وجوہ بیان کرتے ہوئے کمیٹی نے کہا کہ آصف سابع کی خدمت میں معروضہ پیش کیا جائے کہ اڈیکمیٹ میں یونیورسٹی کی عمارت کی تعمیر کی اجازت فوراً مرحمت فرمائی جائے جس کی شدید ضرورت ہے اور یونیورسٹی عمارتوں کی تعمیر سکریٹریٹ اسکیم کی تابع نہیں ہے۔ اس بارے میں باب حکومت میں قرار داد منظور کی گئی کہ جامعہ کے لئے موزوں عمارتوں کی عدم موجودگی میں حکومت کو سالانہ کرایہ کا کثیر بار برداشت کرنا پڑے گا۔ اگر اڈیکمیٹ میں عمارتوں کی تعمیر کی جلد اجازت مرحمت ہو جائے تو تعلیم میں سہولت او مصارف میں کفایت ہو گی۔ کمیٹی کی سفارشات اور باب حکومت کی قرار داد ایک عرضداشت مورخہ ۲۶ جمادی الثانی ۱۳۴۷ھ م ۹ دسمبر ۱۹۲۸ء میں درج کر کے اسے آصف سابع کے احکام کے لئے پیش کیا گیا۔ آصف سابع نے فرمان مورخہ ۵ شعبان ۱۳۴۷ھ م ۱۷ جنوری ۱۹۲۹ء کے ذریعہ حکم دیا کہ اڈیکمیٹ میں یونیورسٹی کی عمارتوں کی تعمیر شروع کر دی جائے۔

جامعہ عثمانیہ کی عمارتوں کے لئے مقام کے انتخاب کا قطعی فیصلہ ہو جانے کے بعد بلڈنگ کمیٹی نے سررشتہ تعمیرات کے دو انجینئروں سید علی رضا اور سید زین الدین حسین

خان کو جاپان، امریکہ، یورپ، مراکش، مصر، شام اور عراق روانہ کرنا طے کیا تاکہ یہ انجینئر ان ممالک کی جامعات کی نئی تعمیر کردہ عمارتوں کا معائنہ کریں اور کسی موزوں اورآرکیٹکٹ کانام تجویز کریں جس کا بطور مشیر آرکٹیکٹ تقرر کیا جاسکے۔ باب حکومت نے ان انجینئروں کی تعیناتی، تنخواہ والا الاؤنس اور برآورد سفر کی منظوری دینے کی سفارش کی اور آصف سابع نے فرمان مورخہ ۲۶ ربیع الثانی ۱۳۴۹ ھم ۲۰ ستمبر ۱۹۳۰ء کے ذریعہ دونوں انجینئروں سے متعلق تجاویز کو منظوری دی۔

آرکٹیکٹ کے تقرر کے بارے میں سر حیدر نواز جنگ نے لندن سے ایک ٹیلیگرام مورخہ ۱۲ اکتوبر ۱۹۳۰ء روانہ کیا جسمیں انہوں نے لکھا کہ ارنسٹ جامپر کو چند شرائط کے ساتھ جامعہ عثمانیہ کی عمارتوں کا آرکیٹیکٹ مقرر کرنے کے لئے حکومت کی ضروری منظوری حاصل کی جائے۔ انہوں نے یہ بھی لکھا کہ علی رضا اور سید زین الدین نے ارنسٹ جامپر کی سفارش کی ہے کہ سر اسنگ طرز تعمیر کے یہ بہترین ماہر ہیں اور انہوں نے قاہرہ کی چند نفیس عمارتوں کے نقشے تیار کئے ہیں۔ ان کی شرائط ملازمت انہوں نے اور علی نواز جنگ نے سر رچرڈ ٹرنچ اور مہدی یار جنگ کے مشورہ سے طے کی ہیں۔ سب کی رائے یہ ہے کہ ارنستجاسر اس کام کے لئے نہایت موزوں ہوں گے اور ان کا فوراً تقرر ہونا چاہئے۔ باب حکومت نے اپنیا جلاس منعقدہ ۱۶ ااکتوبر ۱۳۴۱ فم ۲۲ / اکتوبر ۱۹۳۱ء میں ایک قرار داد منظور کی کہ ارنسٹ جاسپر کا تقرر یونیورسٹی عمارتوں کے لئے بطور آرکیٹکٹ منظور کیا جاسکتا ہے۔ ایک عرضداشت میں اس کارروائی کی ساری تفصیلات اور باب حکومت کی قرار داد کو درج کر کے اسے آصف سابع کی خدمت میں پیش کیا گیا۔ آصف سابع نے بذریعہ فرمان مورخہ ۲۴ جمادی الثانی ۱۳۵۰ ھم ۵ نومبر ۱۹۳۱ء ارنسٹ جاسپر کے تقرر کی منظوری دیدی۔

مختلف نوعیت کے کاموں اور مختلف جائدادوں پر تقررات کی منظوری دینے کے علاوہ ایک اسکیم برائے تعمیر عمارات جامعہ عثمانیہ کو بھی جس کی مجموعی رقم چونتیس لاکھ آٹھ ہزار ایک سو ساٹھ روپے تھی آصف سابع نے اپنے فرمان مورخہ ۲۴ ذی الحجہ ۱۳۵۱ھم ۲۰/ اپریل ۱۹۳۳ء کے ذریعہ منظور کیا۔

آرٹس کالج کی عمارت کے نقشہ جات ارنسٹ جاسپر، کنسلٹنگ آرکیٹکٹ کے مشوروں سے مرتب کر کے عثمانیہ یونیورسٹی بلڈنگ کمیٹی میں پیش کئے گئے۔ کمیٹی مذکورہ کے دو اجلاسوں میں اسبارے میں صلاح و مشورہ ہوا اور ان پر پسندیدگی کا اظہار کیا گیا۔ اس کالج کی عمارت کی تفصیلی بر آوردہ مرتب کی گئی۔ چنانچہ عمارت، فٹنگس اور فرنیچر کی رقم ۲۷ لاکھ ۱۳ ہزار روپے قرار پائی۔ ایک عرضداشت میں آرٹس کالج کی عمارت کی ۲۷ لاکھ ۱۳ ہزار روپے کی بر آورد کی تفصیلات درج کر کے لکھا گیا کہ عمارت دو منزلہ تجویز کی گئی ہے اور یہ مقامی ساسانی طرز پر ہو گی جس میں بیدر، اورنگ آباد اور بلدو حیدرآباد کی عمارتوں کی اہم خصوصیات شامل رہے گی۔ اس میں دور جدید کی عمارات کی جملہ ضروریات ملحوظ رکھی گئی ہیں۔ اسمیں دو ہزار طلبہ کی تعلیم کے لئے گنجائش ہے۔ اس کارروائی کی ساری تفصیلات درجکرنے کے بعد آصف سابع سے ۲۷ لاکھ تیرہ ہزار روپے کی منظوری عطا کرنے کی درخواست کی گئی۔ اس عرضداشت کے ساتھ آرٹس کالج کی عمارت کے نقشہ جات بھی آصف سابع کے ملاحظے کے لئے پیش کئے گئے۔ آصف سابع نے بذریعہ فرمان ۶ رجب ۱۳۵۲ھم ۲۶/ اکتوبر ۱۹۳۳ء آرٹس کالج کی عمارت کی تعمیر کی بر آورد رقمی ۲۷ لاکھ ۱۳ ہزار روپے منظور کی۔ آصف سابع نے اسی تاریخ کے فرمان کے ذریعہ اقامت خانوں، باورچی خانوں اور ڈائننگ ہالوں کی تعمیر کے لئے نو لاکھ روپے منظور کئے۔

ابتدائی قیام جامعہ سے عثمانیہ کالج، انجینئرنگ کالج، ٹریننگ کالج، دارالترجمہ، دفتر مسجل (رجسٹرار آفس) اور یونیورسٹی اسٹاف یونین کرائے کی ۲۴ عمارتوں میں کام کر رہے تھے ان عمارتوں کے مالکان نے یہ طریقہ اختیار کر رکھا تھا کہ جب مدت قریب ختم ہوتی تو وہ کرایہ میں غیر معمولی اضافہ یا تخلیہ عمارت کا نوٹس دے دیتے تھے جس سے ارباب جامعہ کو سخت وقت کا سامنا کرنا پڑرہا تھا۔ بعض عمارتوں کی سالانہ مرمت ٹیکس اور صفائی کے اخراجات بھی متعلقہ کالج کی جانب سے ادا کئے جاتے تھے ان عمارتوں کے کرایے کی جملہ رقم اناسی ہزار دو سو ساٹھ روپے سالانہ تھی۔ ان تمام وقتوں کے باوجود انتظام تشفی بخش نہیں تھا کیونکہ عمارتیں علیحدہ علیحدہ مقامات پر واقع تھیں اور وہ اس مقصد کے لئے تعمیر نہیں ہوئی تھیں جس مقصد کے لئے استعمال میں لائی جارہی تھیں۔ ان امور کے پیش نظر مجلس اعلی جامعہ عثمانیہ نے یہ تجویز پیش کی کہ جامعہ کیلئے مستقل عمارتوں کی تعمیر ہونے میں پانچ تا دس سال کی مدت درکار ہوگی اس لئے اڈیکمیٹ میں عارضی عمارتیں تعمیر کی جائیں اور کالجوں اور دفتروں کو اڈیکمیٹ میں منتقل کر دیا جائے۔ چونکہ اس وقت اڈیکمیٹ میں تمام سہولتیں مثلاً سڑک، پانی، بجلی وغیرہ بہم پہنچائی جاچکی ہیں اس لئے وہاں عارضی عمارتوں کی تعمیر مناسب معلوم ہوتی ہے۔ تجویز میں یہ بھی کہا گیا کہ اس میں فائدہ یہ ہے کہ دس سال یعنی مستقل عمارتوں کی تعمیر مکمل ہونے تک جو کرایہ کا بار حکومت کو برداشت کرنا ہوگا، اس سے سبکدوشی حاصل ہو جائے گی اور مستقل عمارتوں کی تعمیر کے بعد اگر ان عارضی عمارتوں سے کام لینا مقصود ہو تو یہ کام میں لائی جا سکتی ہیں۔ یا ان کے انصرام کے بعد ان کا مال مسالہ بحد ۳۵ فیصد دوسری عمارتوں کے لئے کام میں لایا جاسکتا ہے۔ جامعہ عثمانیہ کی بلڈنگ کمیٹی نے اس بارے میں یہ قرارداد منظور کی کہ جو عمراتیں جامعہ عثمانیہ کے لئے کرایہ پر لی گئی ہیں انمیں سے بعض کی مدت قریب

الختم ہے۔ لہذا یہ نہایت ضروری ہے کہ آصف سابع کے ملاحظے میں یہ معروضہ پیش کیا جائے کہ جامعہ عثمانیہ کے موازانہ سے نولاکھ پچاس ہزار روپے عارضی عمارتوں کی تعمیر کیلئے منظور کئے جائیں۔ باب حکومت نے اس بارے میں یہ قرارداد منظور کی کہ جامعہ عثمانیہ کی بلڈنگ کمیٹی کی تحریک قابل منظوری ہے۔ ایک عرضداشت میں عارضی عمارتوں کی تعمیر کے سلسلے میں مذکورہ بالا تمام تفصیلات درج کر کے اسے آصف سابع کے احکام کے لئے پیش کیا گیا۔ آصف سابع نے فرمان مورخہ ۱۲ رمضان ۱۳۵۲ھم ۳۰ دسمبر ۱۹۳۳ء صادر کرتے ہوئے عارضی عمارتوں کے تعمیر کے لئے نولاکھ پچاس ہزار روپے کی منظوری دی اور حکم دیا کہ یکم جنوری ۱۹۳۴ء سے عمارتوں کی تعمیر کا کام شروع کر دیا جائے۔

آصف سابع کی خدمت میں بذریعہ عرضداشت مورخہ ۷ ربیع الثانی ۱۹۵۳ھم ۲۰ جون ۱۹۳۴ء یہ اطلاع دی گئی کہ ابتدائی مراحل کی تکمیل کے بعد آرٹس کالج کی عمارت کی تعمیر کا کام ۲۶ رمضان ۱۳۵۲ھم ۱۳ جنوری ۱۹۳۴ء سے شروع کر دیا گیا ہے۔ اسی طرح دیگر عرضداشتوں کے ذریعہ اقامت خانوں، باروچی خانوں، وڈائننگ ہالوں اور عارضی عمارتوں کی تعمیر کے آغاز کر دینے کی بھی اطلاع دی گئی۔ آرٹس کالج اور دیگر عمارتوں کی تعمیر کے آغاز کی اطلاع ملنے پر آصف سابع نے عثمانیہ یونیورسٹی کے سنگ بنیاد رکھنے کا ارادہ ظاہر کیا۔ چنانچہ معتمد پیشی نے نیم سرکاری مورخہ ۱۱ ربیع الاول ۱۳۵۳ھم ۲۴ جون ۱۹۳۴ء کے ذریعہ معتمد باب حکومت کو اطلاع دی کہ عثمانیہ یونیورسٹی کے سنگ بنیاد کے بارے میں آصف سابع نے حسب ذیل حکم دیا ہے۔

عثمانیہ یونیورسٹی کی بنیاد رکھنے کے لئے میں نے ۱۹ ربیع الاول یوم دوشنبہ (شام کے ساڑھے پانچ بجے) مقرر کیا ہے (بعد خریطہ دربار بہ چومحلہ) اس کا انتظام کرلیا جائے۔

بعد ازاں تاریخ اور وقت میں تبدیلی کے بعد یہ تقریب ۲۲ ربیع الاول ۱۳۵۳ھ م ۵ جولائی ۱۹۳۴ء روز پنجشنبہ ساڑھے چار بجے مقرر ہوئی۔

عارضی عمارتوں کی تعمیر کا کام ۲۵ جمادی الثانی ۱۳۵۳ھ م ۵ اکتوبر ۱۹۳۴ء کو مکمل ہوا جس کی اطلاع آصف سابع کو بذریعہ عرضداشت دی گئی۔ عارضی عمارتوں کی تعمیر کے سلسلے میں مقام تعمیر کی صفائی اور زمین کی ہمواری کا کام ۶ / جنوری ۱۹۳۴ء سے اور تعمیر کا کام ۷ مارچ ۱۹۳۴ء سے شروع کیا گیا تھا۔ اس طرح ان عارضی عمارتوں کی تعمیر سات ماہ کے اندر مکمل کر لی گئی۔

ابتداء میں آرٹس کالج کی منظورہ بر آورد میں کارنس اور پیاراپٹ وال Cornice & Parapet Wall کی تعمیر کے لئے انتیس ہزار چھ سو بیس روپے کی گنجائش رکھی گئی تھی لیکن آرکٹیکٹ کی سفارش پر تجویز ہوئی کہ عمارت کی موزونیت کے لحاظ سے اسے مصفا سنگ سماق سے تعمیر کیا جانا چاہئے۔ اس سلسلے میں یونیورسٹی بلڈنگ کمیٹی کی سفارش اور باب حکومت کی قرارداد کو ایک عرضداشت میں درج کر کے اسے آصف سابع کے ملاحظے کے لئے پیش کیا گیا جنہوں نے فرمان مورخہ ۲۱ محرم ۱۳۵۷ھ م ۲۴ مارچ ۱۹۳۸ء کے زریعہ اس کام کے لئے دو لاکھ اٹھاون ہزار دو سو سینتیس روپے منظور کئے۔ اسی طرح ارنسٹ جاسپر مشیر آرکٹیکٹ نے یہ رائے دی کہ Jack Arch آرٹس کالج کی عمارت کے باب الداخلے کی چھت کے لئے موزوں نہیں ہے۔ موزونیت کے مد نظر گنبد نما چھت تعمیر کی جانی چاہئے۔ اس تجویز کے سلسلے میں یونیورسٹی بلڈنگ کمیٹی اور باب حکومت کی سفارشات جب ایک عرضداشت میں درج کر کے آصف سابع کیخدمت میں پیش کی گئیں تو انہوں نے آرٹس کالج کی گنبد نما چھت کی تعمیر کے لئے سینسٹھ ہزار ایک سو روپے کی منظوری دی۔

آرٹس کالج کی عمارت کی تعمیر کے لئے ابتدا میں ستائیس لاکھ تیرہ ہزار روپے کی منظوری دی گئی تھی۔ بعض نئے کام انجام دئے گئے جن کے لئے منظورہ برآورد میں گنجائش موجود نہیں تھی اس لئے مزید رقمی منظوریاں دی گئیں۔ آرٹس کالج کی عمارت کی تعمیر پر جملہ مصارف انتیس لاکھ ستانوے ہزار چھ سو چونتیس، روپے ہوئے اور آصف سابع نے یونیورسٹی بلڈنگ کمیٹی اور باب حکومت کی سفارشات پر اپنے فرمان مورخہ ۷ ذی الحجہ ۱۳۶۲ھم ۵ دسمبر ۱۹۴۳ء کے ذریعہ زائد مصارف کی منظوری دی۔

آرٹس کالج کی کی عمارت کی تعمیر مکمل ہونے پر عرضداشت مورخہ ۶ شوال ۱۳۵۸ھ مطابق ۱۸ نومبر ۱۹۳۹ء کے ذریعہ آصف سابع کی خدمت میں یہ اطلاع بہم پہنچائی گئی کہ ارٹس کالج کی تعمیر کا کام جو ۲۶ رمضان ۱۳۵۲ھ م ۱۳ جنوری ۱۹۳۴ء کو شروع ہوا تھا اب پایہ تکمیل کو پہنچ چکا ہے اور آصف سابع سے جامعہ کی اس مرکزی عمارت کا افتتاح کرنے کی درخواست کی گئی۔ افتتاح کے انتظامات کے سلسلے میں منجملہ سفارشات کے یہ سفارش بھی پیش کی گئی کہ افتتاح کی تقریب ۴ دسمبر ۱۹۳۹ء روز دوشنبہ ۴ بجے دن منعقد کی جائے۔ ابتداء میں دفتر پیشی سے معتمد باب حکومت کو آصف سابع کا یہ حکم روانہ کیا گیا کہ ۴ دسمبر افتتاح کی تاریخ مناسب ہے مگر افتتاح ساڑھے دس بجے صبح اور ایٹ ہوم چار بجے سہ پہر رکھا جائے تو بہتر ہوگا۔ چونکہ افتتاح کی تقریب بڑے پیمانے پر منعقد کی جانے والی تھی اس لئے اسے دو حصوں میں تقسیم کرکے ایک دن میں دوبار بڑے پیمانے پر انتظامات کرنا وقت طلب تھا۔ خود آصف سابع کو ایک ہی دن میں دو بار ان تقاریب میں شریک ہونا پڑتا تھا۔ اس لئے افتتاح اور ایٹ ہوم کا وقت ۴ دسمبر ۴ بجے سہ پہر مقرر کرنے کی اجازت حاصل کرلی گئی۔

آصف سابع آرٹس کالج کی کی عمارت کے افتتاح کے موقع پر اڈریسوں کا جو جواب

پڑھنے والے تھے اخبارات میں اس کی اشاعت کے بارے میں ان کا حسب ذیل حکم مورخہ ۲۱ شوال ۱۳۵۸ھم ۳ دسمبر ۱۹۳۹ء معتمد باب حکومت کے نام وصول ہوا۔

افتتاح آرٹس کالج کے موقع پر کل جو جواب اڈریس میں پڑھوں گا اس کی نقل کونسل کی اطلاع کی غرض سے منسلک ہے۔ لہذا مناسب ہو گا کہ یوم سہ شنبہ آئندہ یہاں کے لوکل اخبارات میں طبع کرنے کی غرض سے یہ دے دیا جائے اور اس کا انگریزی میں ترجمہ کر کے زیر نگرانی مہدی یار جنگ ٹائمس آف انڈیا کو دیا جائے۔

آصف سابع نے مقررہ پروگرام کے مطابق ۴ دسمبر ۱۹۳۹ء کو آرٹس کالج کی عمارت کا افتتاح انجام دیا۔ اس موقع پر امیر جامعہ اور انجمن اتحاد طلبہ جامعہ عثمانیہ کی جانب سے آصف سابع کی خدمت میں دو سپاس نامے پیش کئے گئے۔ ان سپاس ناموں کا جواب دیتے ہوئے آصف سابع نے آرٹس کالج کی عمارت کو ریاست حیدرآباد کی مختلف قوموں کے درمیان صدیوں پرانے باہمی میل جول، باہمی دوستانہ مراسم اور خوشگوار تعلقات کی علامت قرار دیا۔ انہوں نے کہا:

اس عمارت کی طرز تعمیر بھی اردو زبان کی طرح ہندو اور مسلمان قوموں کے طرز سے مرکب ہے اور اس کے ستونوں اور در و دیوار کے نقش و نگار میں دونوں قوموں کی کاریگری اور ان کے تمدن اور تہذیب کی جھلک نظر آتی ہے۔ اس طرح یہ عمارت بھی علامت ہے اس باہمی میل جول اور باہمی دوستانہ مراسم اور خوشگوار تعلقات کی جو صدیوں سے میری ریاست کی مختلف قوموں میں چلے آتے ہیں جس کی وجہ سے یہاں کے باشندے ہمیشہ آپس میں شیر و شکر ہو کر رہے ہیں اور ایسے تعلقات کو قائم رکھنا میں اپنا اور اپنی رعیت نوازی کا فرض سمجھتا ہوں۔

آصف سابع نے اپنے جواب ایڈریس کو ختم کرتے ہوئے دعا کی خلاق علم و فضل

رب العالمین اس جامعہ کو دن دوگنی رات چوگنی ترقی عطا کرے اور مدت مدید تک میرا ملک اس کے فیض سے بہرہ اندوز ہوتا رہے۔

٭ ٭ ٭

ادارۂ ادبیات اردو۔ سابق ریاست حیدرآباد کا تعاون

ریاست حیدرآباد کے آخری دو حکمرانوں پر محبوب علی خاں آصف سادس اور میر عثمان علی خاں آصف سابع کے بارے میں عام طور پر یہ تاثر پایا جاتا ہے کہ بیرونی اور غیر ملکی شخصیتوں اور بیرون ریاست کے ادارہ کے لئے ان کی سخاوت کے دروازے ہمیشہ کھلے رہتے تھے اور نہایت فراخ دلی کے ساتھ نوازش اور کرم کی بارش ہوا کرتی تھی لیکن ڈاکٹر سید محی الدین قادری زور کی حیات اور کارناموں پر نظر ڈالیں اور خاص کر ادارہ ادبیات اردو کے بارے میں معلومات حاصل کی جائیں تو پتہ چلتا ہے کہ اس فیاضی کا مظاہرہ استحقاق کی بنیاد پر کیا جاتا تھا، نہ کہ امتیاز کی بنیاد پر۔ اندرون ریاست کام کرنے والی ملکی شخصیتوں اور اداروں نے اس مدد اور تعاون سے کم یا بہت کم استفادہ کیا تو اس کے اسباب دوسرے تھے۔ یہ اسباب و حقائق اس مضمون کا موضوع نہیں ہیں لیکن جہاں تک ڈاکٹر زور بانی ادارۂ ادبیات اردو کا تعلق ہے۔

سرزمین دکن پر ان کے فقید المثال کارناموں میں یہ کارنامہ بھی کچھ کم اہمیت نہیں رکھتا کہ انھوں نے اپنے ادارے کے لئے اور اس کی عمارت کی تعمیر کے لئے جہاں دیگر وسائل سے استفادہ کرنے میں کوئی کسر اٹھا نہ رکھی۔ حکومت ریاست حیدرآباد سے بھی خاطر خواہ امداد حاصل کی اور اس امداد میں اضافے کے سلسلے میں بھی اپنی جدوجہد کو کامیاب بنایا۔ ریاست حیدرآباد کے آخری دور میں حالات مشکل اور نامساعد نہ ہوتے تو یہ بات یقین کے ساتھ کہی جاسکتی ہے کہ وہ اس ادارے کو اس دور میں ہی غیر معمولی ترقی

دینے میں کامیاب رہتے۔ اردو زبان اور ادب کی اس فعال شخصیت کی ان کاوشوں کی تفصیلات آندھرا پردیش اسٹیٹ آرکائیوز کے محافظ خانے کے ریکارڈ میں دستیاب ہیں۔

ڈاکٹر زور کی درخواستوں پر ادارۂ ادبیات اردو کی امداد میں اضافے اور پریس خریدنے کے لئے پچاس ہزار روپئے کی امداد منظور ہوئی تھی۔ ذیل میں ان کارروائیوں کا خلاصہ اور امداد سے متعلق معلومات پیش کی جارہی ہیں۔

ادارۂ ادبیات اردو حیدرآباد کی امداد سے متعلق ادارے کے معتمد اعزازی سید محی الدین قادری زور نے ۱۹۴۳ء میں حکومت ریاست حیدرآباد کے نام اپنی ایک درخواست میں لکھا تھا کہ یہ ادارہ گزشتہ بارہ سال سے اردو کی ہمہ جہتی خدمت انجام دے رہا ہے۔ ادارے کے مالیے کا بڑی حد تک خانگی عطیوں پر انحصار ہے۔ صرف گزشتہ تین سال سے محکمہ تعلیمات سے تین ہزار دو سو روپئے سالانہ امداد مل رہی ہے جبکہ ادارہ اردو کی خدمت کے لئے گزشتہ سال میں اوسطاً بارہ ہزار روپئے سالانہ خرچ کرتا رہا۔ اگر حکومت کی جانب سے اس ادارے کو قابل لحاظ سالانہ امداد عطا نہ کی جائے اور اس کے لئے ایک سرکاری عمارت فراہم نہ کی جائے تو ادارے کی کارکردگی اور سرگرمی باقی نہیں رہ سکتی۔

یہ ادارہ ہندوستان کے مشترکہ قومی تمدن اور اُردو زبان کی خدمت بلالحاظ مذہب و ملت انجام دے رہا ہے چنانچہ اس کے ارباب کار میں حیدرآباد اور دیہات کے سینکڑوں غیر مسلم اصحاب بھی شریک ہیں۔ ادارے کے نو مختلف شعبوں کی ترقی کے لئے بھاری رقومات درکار ہیں۔ ان نو شعبوں میں تعلیم بالغان، اشاعت کتب، قیام کتب خانہ، تحفظ علمی و ادبی آثار، میوزیم، شعبہ نسوان، تیاری اردو انسائیکلوپیڈیا، ماہنامہ کی اشاعت اور دفتری کاروبار کے شعبے شامل ہیں۔ ایسے وسیع اور عمدہ خدمات کے پیش نظر ادارے کا سالانہ موازنہ کم از کم پچاس ہزار روپئے ہونا چاہئے تاکہ بڑھتی ہوئی سرگرمیوں کے ساتھ ساتھ اس میں توسیع و ترقی کی گنجائش رہے۔ فی الحال حکومت کی جانب سے ۳۲ ہزار

روپئے سالانہ کی مالی امداد اس علمی و ادبی ادارے کی ترقی کا باعث ہو گی اور یہ امر حکومت کے لئے دشوار کن نہیں ہے کیونکہ حکومت ریاست حیدرآباد کی جانب سے بیرونی ریاست کے متعدد اداروں کو اس سے بھی زیادہ امداد دی جاتی رہی ہے۔

ڈاکٹر زور کی درخواست پر معتمد تعلیمات نے اس رائے کا اظہار کیا کہ یہ ادارہ اردو زبان کی خدمت کر رہا ہے اور اپنی افادیت کا ثبوت دے رہا ہے۔ اس لئے یہ ادارہ امداد کا مستحق ہے۔ علم و ادب کی سرپرستی حکومت کا طرۂ امتیاز رہی ہے۔ اس ادارے کی مدد حکومت ریاست حیدرآباد کی روایات کے مطابق ہو گی لہذا اس ادارے کو سالانہ بارہ ہزار روپئے امداد کی منظوری مناسب ہو گی جو اس وقت تک جاری رہے جب تک اس کا کام حکومت کی رائے میں تشفی بخش ہو۔

امداد کی یہ شرط بھی ہونی چاہئے کہ اس ادارے کی اعلیٰ ترین مجلس میں بالا التزام جامعہ عثمانیہ کا ایک نمائندہ منظورۂ سرکار اور ناظم تعلیمات بحیثیت رکن شریک رہیں نیز ادارے کے کتب خانے یا علمی ذخیرے سے محققین ادب اور تاریخ کو استفادے اور ریسرچ کا موقع منظورہ شرائط کے تحت دیا جائے۔ یہ شرط اس لئے بھی ضروری ہے کہ حال ہی میں انڈین ہسٹاریکل ریکارڈز کمیشن نے اس امر پر زور دیا ہے کہ ایسے امدادی اداروں کے ساتھ یہ شرط عائد کرنا تحقیقی کاموں کے لئے ضروری ہے جن کے پاس کوئی علمی یا تاریخی ذخیرہ موجود ہو اور اس ادارے میں اس وقت ایسا ذخیرہ موجود ہے۔ اس کے علاوہ مجوزہ اضافہ رقم کی نسبت یہ پابندی بھی ضروری معلوم ہوتی ہے کہ اس کا نصف حصہ ایک بلڈنگ فنڈ کے لئے مختص کر دیا جائے جو ادارے کی نئی اور مستقل عمارت کی تعمیر اور اس کے فرنیچر خصوصاً اس کے کتب خانے کے فرنیچر کے لئے محفوظ رہے۔ سر رشتہ فینانس نے ادارہ ادبیات اردو کو تین ہزار دو سو روپئے سالانہ کی موجودہ مالی امداد کی بجائے دس ہزار روپئے سالانہ امداد دینے سے اس شرط کے ساتھ اتفاق کیا کہ

اس ادارے کی کارکردگی آئندہ بھی حکومت کے نزدیک اطمینان بخش رہے گی اور ادارہ اپنی مطبوعات کے دو نسخے سررشتہ تعلیمات کو فراہم کرے گا۔ اس کے حسابات کی باضابطہ تنقیح دفتر صدر محاسبی سے کرائی جائے گی اور ادارے کی سالانہ رپورٹ سررشتہ تعلیمات میں داخل کی جائے گی۔ اس سال یہ اضافہ زائد از موازنہ اور آئندہ سال شریک موازنہ کیا جائے۔ باب حکومت (کابینہ) نے اس کارروائی کے پیش ہونے پر ادارہ ادبیات اردو کو موجودہ تین ہزار دو سو روپے سالانہ کی بجائے دس ہزار روپے سالانہ امداد جاری کرنے کی سفارش کی نیز باب حکومت نے معتمد تعلیمات اور سررشتہ فینانس کی جانب سے تجویز کردہ شرائط سے بھی اتفاق کیا۔ آصف سابع نے باب حکومت کی رائے کے مطابق فرمان مورخہ ۲۴ جنوری ۱۹۴۴ء کے ذریعہ ادارہ ادبیات اُردو کی امداد کو بشرائط مجوزہ تین ہزار دو سو روپے سے بڑھا کر دس ہزار روپے سالانہ کر دینے کی منظوری دی۔

ادارے کی امداد میں اضافہ منظور ہونے کے تقریباً ڈھائی سال بعد ڈاکٹر زور نے ایک اور درخواست حکومت ریاست حیدرآباد کو پیش کی جس میں انہوں نے لکھا کہ اس ادارے کی جانب سے مختلف علمی و ادبی موضوعات پر اب تک ڈیڑھ سو کتابیں شائع ہو چکی ہیں اور نو سال سے ہر ماہ دو رسالے شائع کئے جا رہے ہیں۔ روز بروز بڑھتی ہوئی طباعتی ضروریات کے پیش نظر ادارے کو ایک اعلیٰ پائے کے ٹائپ پریس کی شدید ضرورت ہے اور اس کے لئے ادارے نے رقم جمع کرنی شروع کر دی ہے۔ توقع ہے کہ ادارہ پبلک چندوں سے پچاس ہزار روپئے کی رقم جمع کر سکے گا۔

اندازہ لگایا گیا ہے کہ ایک اچھے پریس کے لئے ایک لاکھ روپئے سے زیادہ صرفہ ہوگا۔ اس لئے حکومت سے استدعا ہے کہ مطبع کے قیام کے لئے پچاس ہزار روپئے کی امداد منظور کرے۔ صدر الہام فینانس نے اس درخواست پر رائے دیتے ہوئے لکھا کہ ادارۂ ادبیات اردو مفید خدمات انجام دے رہا ہے اور اس ادارے میں ایک اچھے مطبع

کے قائم ہو جانے سے اردو ادب کی توسیع و اشاعت میں بڑی مدد ملے گی۔ جہاں تک ان کے ذاتی تجربے کا تعلق ہے، وہ یہ کہہ سکتے ہیں کہ حیدرآباد میں طباعت کی اطمینان بخش سہولتیں میسر نہیں ہیں۔ اگر جدید طرز کے مطبع کو قائم کرنے میں امداد دی جائے تو اس میں نہ صرف عوام بلکہ حکومت کا بھی فائدہ مضمر ہے۔ اس لئے یہ امداد حسب ذیل شرائط کے تحت منظور کی جاسکتی ہے۔

(۱) امداد کی رقم ادارے کی طرف سے جمع کردہ رقم سے متجاوز نہ ہوگی۔

(۲) امداد کی رقم کسی صورت میں بھی پچاس ہزار سے زائد نہ ہوگی۔

(۳) ادارے کو مجموعی خرچ سے متعلق تفصیلی تختے جات پیش کرنے ہوں گے۔

(۴) عائد شدہ اخراجات کی تنقیح حکومت کی جانب سے ہوا کرے گی۔

(۵) امداد کی رقم یکمشت ادا نہیں کی جائے گی بلکہ جتنی بھی اور جب بھی ضرورت ہوگی، رقم کی ادائیگی عمل میں آئے گی۔ صدر المہام تعلیمات نے صدر المہام فینانس کی رائے سے اتفاق کیا۔ باب حکومت کے اجلاس میں صدر المہام فینانس کی رائے کے مطابق امداد کی منظوری صادر کرنے کے بارے میں قرارداد منظور کی گئی۔ اس قرارداد پر آصف سابع نے اپنے فرمان مورخہ ۲۳ ستمبر ۱۹۴۶ء کے ذریعہ ہدایت دی کہ ادارۂ ادبیات اردو کو سررشتہ فینانس کی پیش کردہ شرائط پر مجوزہ امداد دی جائے۔

پریس کے قیام کی غرض سے حکومت کی اس پچاس ہزار روپے کی منظورہ امداد سے استفادہ نہیں کیا جاسکا کیونکہ اس سلسلے میں شرط عائد کردی گئی تھی کہ ادارے کی جانب سے جمع کردہ رقم کی مساوی رقم حکومت کی جانب سے جاری کی جائے گی۔ یہ رقمی منظوری ۱۹۴۶ء میں دی گئی تھی۔ اس وقت اور اس کے بعد دو سال کے دوران ریاست جن حالات سے دوچار تھی، ان حالات میں علمی، ادبی اور تہذیبی سرگرمیوں کا سنجیدگی کے

ساتھ جاری رہنا بے حد مشکل تھا۔ ادارے کی جانب سے شائع کردہ ایک کتابچے "ادارۂ ادبیات اردو کے تیئس سال" میں لکھا ہے "۱۹۴۷ء تا ۱۹۴۹ء تک کا دور ادارہ کے لئے بڑا نازک دور رہا۔ اضلاع کی شاخیں تقریباً معطل ہو گئیں۔ کتابوں کی اشاعت اور امتحانات کے کاروبار بھی متاثر ہوئے اور اس کے نتیجے میں ادارے کی ترقی کی رفتار میں ٹھہراؤ پیدا ہو گیا"۔ ظاہر ہے کہ ان حالات میں ادارے کی جانب سے پریس کے قیام کے لئے چندوں سے رقم اکٹھا کرنا ممکن نہ تھا۔ نتیجہ یہ ہوا کہ حکومت سے اس سلسلے میں مساوی رقم یا Matching Grant حاصل نہیں کی جا سکی۔

ایوان اردو کی خوبصورت عمارت کی تعمیر میں حکومت ریاست حیدرآباد کی جانب سے محفوظ کی گئی رقم کام آئی۔ جنوری ۱۹۴۴ء میں ادارۂ ادبیات اردو کی امداد بڑھا کر دس ہزار روپئے سالانہ کر دی گئی تھی مگر اس رقم کا نصف حصہ بلڈنگ فنڈ کے لئے مختص تھا چنانچہ ۱۹۴۴ء تا ۱۹۴۸ء پانچ ہزار روپئے سالانہ بلڈنگ فنڈ میں محفوظ کئے جاتے رہے۔ ایوان اردو کی عمارت جس زمین پر کھڑی ہے، وہ ڈاکٹر زور کی اہلیہ کی ملک تھی۔ ان کی جانب سے یہ اراضی بطور عطیہ دی گئی۔ عمارت کی تعمیر کے لئے وہ رقم جو پانچ سال سے حکومت کی طرف سے محفوظ کی جا رہی تھی، حاصل کر لی گئی۔ ڈاکٹر زور نے ایوان اردو کی افتتاحی تقریب منعقدہ ۲۲ مارچ ۱۹۶۰ء میں جو تقریر کی تھی، اس میں اس کا تذکرہ ملتا ہے، تاہم یہ وضاحت ضروری ہے کہ حکومت ریاست حیدرآباد کی متذکرہ امداد اس عمارت کے جملہ مصارف کا ایک حصہ تھی۔ دیگر مصارف کی پابجائی دوسرے وسائل سے کی گئی جن میں اراضی کا عطیہ بھی شامل ہے۔

***

علی گڑھ میں میڈیکل کالج کا قیام:
سابق ریاست حیدرآباد کا عطیہ

سابق ریاست حیدرآباد کی حکومت نے اپنے حکمران نواب میر عثمان علی خان آصف سابع کی گہری شخصی دلچسپی کے نتیجے میں جامعہ عثمانیہ قائم کی جو برصغیر کی تاریخ میں اپنی طرز کی منفرد جامعہ تھی جہاں ایک ہندوستانی زبان کو جامعاتی سطح پر ذریعہ تعلیم بنانے کا عظیم تجربہ کیا گیا تھا۔ اس جامعہ نے خطہ دکن میں علم وفن کے مینار نور کی حیثیت سے ہر طرف روشنی پھیلائی اور اس کے قیام کے ساتھ ہی یہ خطہ نئی تہذیب اور ترقی کے اس عہد کی دہلیز پر پہنچ گیا جس کی کرنیں مغرب سے مشرق کی طرف ہمارے ملک کے بعض حصوں میں پہلے ہی پہنچ چکی تھیں۔ بہت کم لوگ یہ جانتے ہیں کہ ریاست حیدرآباد نے علم وتہذیب کی دنیا کو جامعہ عثمانیہ ہی نہیں دی بلکہ اپنے طرز کی قومی تعلیم میں عظیم اور تاریخ ساز کردار ادا کرنے والے ادارے علی گڑھ مسلم یونیورسٹی کی بھی اس کے آغاز سے اس کی توسیع اور ترقی میں اہم ترین رول مالی امداد اور سرپرستی کے ذریعہ ادا کیا۔ تقریباً نصف صدی پہلے تک یہ جو سلسلہ جاری رہا اور اس دوران میں حیدرآباد سے بھیجی گئی لاکھوں کی امداد آج کے قدر زر کے حساب سے کروڑوں پر بھاری ہے۔

سابق ریاست حیدرآباد نے بیرونی ریاست کے جن تعلیمی اداروں کو مالی امداد دی ان میں سب سے زیادہ مالی امداد مسلم یونیورسٹی علی گڑھ کو دی گئی۔ سر سید احمد خان کے

خوابوں کی تعبیر ۱۸۷۵ء میں ایک ابتدائی مدرسے سے مدرستہ العلوم علی گڑھ کیشکل میں ظاہر ہوئی تھی۔ اسی وقت سے حکومت ریاست حیدرآباد اسمدرسے کے لئے یکمشت اور مستقل سالانہ امداد دیتی رہی جسمیں وقتاً فوقتاً اضافہ ہوتا رہا۔ آخری آصف جاہی حکمران نواب میر عثمان علی خان آصف سابع کے دور حکمرانی میں علی گڑھ یونیورسٹی کے قیام اور اس کی توسیع و ترقی کے لئے کئی بار گراں قدر عطیے جاری کئے گئے جن میں ۱۹۱۲ء اور ۱۹۳۰ء میں دئے گئے پانچ لاکھ اور دس لاکھ روپے کے عطیے قابل ذکر ہیں۔ ان گرانقدر عطیوں کے علاوہ علی گڑھ مسلم یونیورسٹی کے وائس چانسلر نے ۱۹۴۵ء میں میڈیکل کالج کے قیام کے لئے مزید امداد جاری کرنے کی استدعا کی۔ اس مضمون میں اسی میڈیکل کالج کے لئے حکومت ریاست حیدرآبات کی جانب سے دی گئی دس لاکھ روپے کی امداد کے بارے میں تفصیلات پیش کی جارہی ہیں جو آندھراپردیش اسٹیٹ آرکائیوز کے ریکارڈ کے مواد پر مبنی ہیں۔ یہ مواد پہلی بار منظر عام پر آرہا ہے۔

ڈاکٹر ضیاء الدین وائس چانسلر مسلم یونیورسٹی علی گڑھ نے احمد سعید خان نواب چھتاری، صدر اعظم ریاست حیدرآباد کے نام اپنے طویل انگریزی مکتوب مورخہ ۲۸/اگست ۱۹۴۵ء میں مسلم یونیورسٹی علی گڑھ کو مختلف موقعوں پر ریاست حیدرآباد سے دی گئی مالی امداد کا تذکرہ کرتے ہوئے میڈیکل کالج کے قیام کے لئے مزید امداد منظور کرنے کا سر سید احمد خان کا خواب صرف اس فیاضانہ امداد کی وجہ سے پورا ہوا تھا جو کہ انہیں ریاست حیدرآباد سے ملی تھی۔ اس کے بعد ایم۔ اے او کالج کے ارتقاء کے ہر مرحلے پر آصف جاہی حکمران نے اپنی شاہانہ فیاضی کا ٹھوس اور واضح ثبوت دیا۔ علی گڑھ میں یونیورسٹی کے قیام کے لئے تیس لاکھ روپے کا سرمایہ درکار تھا۔ اس موقع پر آصف سابع نے پانچ لاکھ روپے کا عطیہ دیا۔ اسی طرح پرنس آف ویلز سائنس کالج کا قیام اسی

وقت عملی شکل اختیار کر سکا جب کہ آصف سابع نے دس لاکھ روپے کا گرانقدر عطیہ منظور کیا۔ ہم نے ہمیشہ اپنی شدید ضرورت کے موقع پر حیدرآباد کی جانب امید بھری نظروں سے دیکھا اور آج ہم جو کچھ بھی ہیں وہ بڑی حد تک آصف سابع کی سخاوت اور فیاضی کی وجہ سے ہیں۔ اس وقت ملک میں آبادی کے تناسب کے لحاظ سے ڈاکٹروں ڈنٹل سرجنوں اور نرسوں کی تعداد بہت کم ہے۔ بھور کمیٹی (The Bhore Committee) کا یہ کہنا غلط نہیں ہے کہ ہندوستان میں موجودہ بار میڈیکل کالجوں کی بجائے ایک سو میڈیکل کالج بھی کچھ زیادہ نہیں ہوں گے۔ ان حالات کے پیش نظر علی گڑھ میں ایک میڈیکل کالج بشمول انسٹی ٹیوٹ فار ٹریننگ آف نرسس کا قیام اہم اور حقیقی ضرورت ہے۔ ہماری یونیورسٹی کے ۴۵۰۰ طلبہ میں سے ۷۰۰ سے زیادہ طلبہ حیدرآبادی ہیں اور اس میں کوئی شبہ نہیں ہے کہ حیدرآبادیوں کی ایک بڑی تعداد میڈیکل کالج کی طرف متوجہ ہو گی۔ نواب میر عثمان علی خاں آصف سابع پہلی بار ۱۹۱۸ء میں علی گڑھ تشریف لائے تھے اس کے بعد سے حیدرآباد اور علی گڑھ اتنے قریب آگئے ہیں کہ آج ریاست حیدرآباد کے سرکاری محکمہ جات میں علی گڑھ کے قدیم طلبہ کی بڑی تعداد موجود ہے۔ علی گڑھ مسلم یونیورسٹی کی گولڈن جوبلی کے موقع پر اس سال ایک میڈیکل کالج کھولنے کی تجویز ہے۔ اس مقصد کے لئے ایک کروڑ روپے کی خطیر رقم درکار ہے۔ میڈیکل کالج کے قیام کے لئے اب تک جو تیس لاکھ روپے کی رقم جمع کیج اچکی ہے اس میں نواب آف بھوپال نے دو لاکھ، نواب آف بھاولپور نے دو لاکھ، مہاراجا آف دربھنگہ نے ایک لاکھ، خیر پور اسٹیٹ نے ایک لاکھ، مہارا اجلا آف جودھپور نے پچاس ہزار اور مہاراجا آف کشمیر نے پچیس ہزار روپے کے عطیے دیئے ہیں۔ ہم حکومت ریاست حیدرآباد سے مالی امداد حاصل کرنے میں بڑے خوش قسمت رہے ہیں اور پھر ایک بار ہماری نظریں

ہمارے محبوب اور ممتاز چانسلر (آصف سابع) پر لگی ہوئی ہیں جو مادر وطن کے ہر فرزند کے لئے باعث فخر اور وجدان کا سرچشمہ ہیں۔

ڈاکٹر سر ضیاء الدین وائس چانسلر مسلم یونیورسٹی علی گڑھ کی تحریک کی تائید میں وائسرے کی ایگزیکیٹو کونسل کے حسب ذیل ارکان نے پرزور سفارشی خطوط لکھے۔

۱۔ سر سلطان احمد (اطلاعات و نشریات)

۲۔ ملک فیروز خان نون (دفاع)

۳۔ خان بہادر سر محمد عثمان (ڈاک و ہوائیہ)

۴۔ سر جے۔ پی۔ سریو استو (اغذیہ)

۵۔ سر جوگندر سنگھ (تعلیم، صحت، اور اراضیات)

۶۔ سر محمد عزیز الحق (تجارت، صنعتیں، اور سیول سپلائز)

۷۔ ڈاکٹر این۔ بی۔ کھرے (کامن ویلتھ تعلقات)

۸۔ سر کونراڈ کا فیلڈ (سیاسی مشیر)

وائس چانسلر علی گڑھ یونیورسٹی کی درخواست اور وائسرے ایگزیکیٹو کونسل کے ارکان کے سفارشی خطوط کے بارے میں باب حکومت (کابینہ) کے اجلاس میں طے کیا گیا کہ آصف سابع کی خدمت میں عرض کیا جائے کہ مسلم یونیورسٹی علی گڑھ کا جو خاص تعلق آصف سابع اور ریاست حیدرآباد سے رہا ہے اور وائس چانسلر علی گڑھ یونیورسٹی کی درخواست کے ساتھ جو سفارشی خطوط منسلک ہیں ان کا لحاظ کرتے ہوئے میڈیکل کالج کے قیام کے لئے حیدرآباد کی جانب سے دس لاکھ روپے سکہ کلدار زائد از موازنہ مندرجہ ذیل شرائط کے ساتھ منظور کئے جائیں تو مناسب ہو گا۔

۱۔ کالج کے قیام اور بعد میں اس کے کاروبار چلانے کا کام ایک انتظامی اور تعلیمی

کمیٹی کے سپرد کیا جائے۔

۲۔ انتظامی کمیٹی مجوزہ کالج کے قیام کے متعلق جملہ مالی منظوریاں دے گی اور موازنہ منظور کرے گی۔

۳۔ تعلیمی کمیٹی میں حکومت حیدرآباد کے محکمہ تعلیمات کے دو نمائندے مقرر کئے جائیں گے اور یہ کمیٹی کالج کے فنی معیار تعلیمی انتظامات، نصاب اور تقررات اساتذہ و عملہ کی ذمہ دار ہوگی۔

۴۔ مجوزہ کالج کی سالانہ رپورٹ اور حسابات کی تنقیحی رپورٹ ہر سال حکومت حیدرآباد کو روانہ کی جائے گی۔

۵۔ کم از کم دس اور زیادہ سے زیادہ بیس نشستیں حیدرآباد کے طلبہ کے لئے محفوظ کی جائیں گے۔

۶۔ مجوزہ کالج میں جراحی اور میڈیسن کی دو چیرز آصف سابع کے نام سے قائم کی جائیں گی۔

احمد سعید خان نواب چھتاری صدر اعظم نے باب حکومت کی متذکرہ بالا قرارداد کو ایک عرضداشت میں درج کر کے اس کے ساتھ ڈاکٹر سر ضیاء الدین کی درخواست اور سفارشی خطوط کی نقلیں منسلک کرتے ہوئے اسے آصف سابع کے احکام کے لئے پیش کیا۔ آصف سابع نے اس عرضداشت پر اپنے فرمان مورخہ ۲/اکتوبر ۱۹۴۵ء کے ذریعہ یدایت دی جن شروط پر ہم چندہ دینا چاہتے ہیں یہ پہلے طے کر لئے جائیں۔ اس کے بعد مجھ سے عرض کیا جائے تو جو کچھ چندہ دینا ہو گا یکم جنوری سال نو کو دیا جائے گا۔

آصف سابع کی ہدایت کی تعمیل میں باب حکومت کی قرارداد میں مندرج شرائط کے متعلق ڈاکٹر سر ضیاء الدین، وائس چانسلر مسلم یونیورسٹی علی گڑھ سے دریافت کیا گیا۔

انہوں نے شرائط کو قبول کرتے ہوئے لکھا کہ جو امداد مسلم یونیورسٹی علی گڑھ کے میڈیکل کالج کو آصف سابع عطا فرمائیں وہ ان کے لئے باعث فخر ہو گی اور جو خدمت وہ اہل حیدرآباد کی انجام دیں گے وہ ان کے لئے باعث افتخار ہو گی۔ مجوزہ شرائط کو قبول کرنے کی اطلاع ملنے پر باب حکومت نے اپنے اجلاس میں یہ قرار داد منظور کی کہ وائس چانسلر نے تمام شرائط کو مکمل طور پر قبول کر لیا ہے اس لئے میڈیکل کالج کے قیام کے لئے حیدرآباد کی جانب سے دس لاکھ روپے کلدار زائد از موازنہ بطور عطیہ دینے کی منظوری دی جائے تو مناسب ہو گا۔ آصف سابع نے باب حکومت کی قرار داد کو منظوری دی اور مسلم یونیورسٹی علی گڑھ میں میڈیکل کالج کے قیام کی امداد کے لئے ان کا یہ فرمان مورخہ ۳ر دسمبر ۱۹۴۵ء جاری ہوا۔ کونسل (باب حکومت) کی رائے کے مطابق مذکورہ اغراض کے لئے ہماری گورنمنٹ کی جانب سے دس لاکھ روپے کلدار کا چندہ بشرائط مجوزہ دیا جائے۔

***

دارالعلوم ندوۃ العلماء لکھنؤ- سابق ریاست حیدر آباد کی امداد

دارالعلوم ندوۃ العلماء کو ہندوستان کی ایک اہم ترین دانش گاہ کی حیثیت حاصل ہے جس کے چرچے بیرونی ممالک خاص کر مسلم ملکوں میں بھی ہیں۔ ندوۃ العلماء نے ۱۳۱۶ھ م ۱۸۹۸ء میں لکھنو میں ایک مدرسہ کی بنیاد ڈالی۔ پہلے ابتدائی درجہ قائم ہوا اور پھر یہ مدرسہ بتدریج ترقی کرتے کرتے دارالعلوم کے درجے پر پہنچا۔ یہ وہ نامور دانش گاہ ہے جس سے ابتداء ہی سے عظیم المرتبت شخصیتیں اور جید علم وابستہ رہے اور اب مولانا ابوالحسن ندوی جیسے مفکر اسلام اس کے ریکٹر ہیں جنھیں عالم اسلام میں نہایت عزت و احترام سے دیکھا جاتا ہے۔ سابق ریاست حیدرآباد نے بیرون ریاست علمی تعمیری سر گرمیوں اور اعلیٰ مقاصد کی سرپرستی کے لئے فیاضی کے جو مظاہرے کئے تھے ندوۃ العلماء کو دی گئی امداد بھی ان میں شامل ہے۔

ندوۃ العلماء لکھنو کو سابق ریاست حیدرآباد کی جانب سے پچاس سال سے زیادہ مدت تک مالی امداد دی جاتی رہی۔ یہ امداد جو پہلے پہل ۱۸۹۵ء میں منظور ہوئی تھی آصف جاہی ریاست کے خاتمے ۱۹۴۸ء تک جاری رہی۔ ابتداء میں ایک سو روپے ماہور امداد جاری ہوئی تھی جو تقریباً ربع صدی تک جاری رہنے کے بعد ڈیڑھ سال کے لئے مسدود کر دی گئی۔ بعد ازاں ۱۹۲۳ میں دوبارہ دارالعلوم ندوۃ العلما کے نام امداد جاری ہوئی اوراس امداد کو ایک سو روپے ماہوار سے بڑھا کر تین سو روپے ماہوار کر دیا گیا۔ ۱۹۴۴ء میں اس امداد میں مزید اضافہ ہوا اور امداد چھ سو روپے ماہوار کر دی گئی۔ مستقل مالی امداد

دینے کے علاوہ دو مرتبہ دس ہزار اور تقریباً نو ہزار روپے کلدار ادا کر کے ادارہ ندوۃ العلما کو قرض کے بوجھ سے بھی نجات دلائی گئی۔ آندھرا پردیش سٹیٹ آرکائیوز اینڈ ریسرچ انسٹی ٹیوٹ میں محفوظ ریکارڈ کے ذخائر سے ندوۃ العلماء اور دارالعلوم سے متعلق چند مسلیں دستیاب ہوئی ہیں جن کا مطالعہ اور تجزیہ کرنے کے بعد ان کو دی گئی مالی امداد کی کارروائیوں کا خلاصہ ذیل میں پیش کیا جاتا ہے۔

آصف جاہی خاندان کے چھٹے حکمراں نواب میر محبوب علی خاں آصف سادس (دور حکمرانی ۱۸۸۴ء۔۱۹۱۱ء) کے عہد میں جبکہ وقار المہام (صدر اعظم) تھے ندوۃ العلما لکھنو کے نام پچاس روپے ماہوار امداد ۱۳۰۴ ف م ۱۸۹۵ء میں جاری ہوئی تھی۔ چند ماہ بعد مولوی محمد علی کی درخواست پر ان کی پچاس روپے ماہانہ امداد بھی ندوۃ العلماء کے نام منتقل کر دی گئی۔ اس طرح ندوۃ العلما کی امداد ایک سو روپے ماہوار ہو گئی۔ ندوۃ العلماء کو یہ مالی امداد جاری تھی کہ سید آل احمد وکیل آنزیری مجسٹریٹ امروہہ نے ایک درخواست مورخہ ۲ دسمبر ۱۹۱۴ء حکومت حیدرآباد کے نام روانہ کی جسمیں ندوۃ العلماء کو دی جانے والی امداد کے بارے میں ایک ریزولیوشن درج تھا۔ اس ریزلیوشن میں یہ درخواست کی گئی تھی کہ ندوۃ العلماء کو جو امداد ریاست حیدرآباد سے دی جاتی ہے اس کو اس وقت تک روک دیا جائے جب تک کہ ندوہ مذکور اپنی اصلی جمہوری حالت پر نہ آجائے اور قوم اس کی اصلاح نہ کر لے۔

ندوۃ العلماء کے بارے میں شکایت وصول ہونے پر ایک عرضداشت آخری آصف جاہی فرمانروا نواب میر عثمان علی خان آصف سابع (دور حکمرانی ۱۹۱۱ء۔۱۹۴۸) کی خدمت میں پیش کی گئی جس پر انہوں نے رزیڈنسی سے تحقیقات کروانے کے لئے بذریعہ فرمان مورخہ ۲۲/مارچ ۱۹۱۵ء حکم صادر کیا۔ اس حکم کی تعمیل میں رزیڈنسی سے

تحقیقات کروائی گئی۔ اور رزیڈنسی سے تحقیقات کے بارے میں رپورٹ وصول ہونے پر ایک عرضداشت کے ذریعہ کیفیت تحقیقات کو آصف سابع کے ملاحظے میں پیش کیا گیا جس پر بذریعہ فرمان مورخہ ۷ ستمبر ۱۹۱۵ء یہ احکام صادر ہوئے کہ ندوۃ العلماء کو جو امداد دی جاتی ہے فی الحال امتحاناً جاری رکھی جائے اور پولیٹکل ڈپارٹمنٹ کے توسط سے رزیڈنسی کو لکھا جائے کہ ندوہ میں قطعی انتظامات ہونے پر اس کی اطلاع ہماری حکومت کو دی جائے کیونکہ ہماری امداد کا مستقل طور پر جاری رہنا ندوہ کے متعلق قطعی انتظامات ہونے پر منحصر ہے۔ اس فرمان کی تعمیل میں ندوۃ العلما کی امداد جاری رہی لیکن اس بارے میں کوئی قطعی تصفیہ ہونے تک ماہوار امداد کو ۱۳۳۱ف / نومبر ۱۹۲۱ء سے مسدود کر دیا گیا۔

۱۹۲۲ء کے اوائل میں ندوۃ العلما لکھنو کے اراکین نے ایک درخواست دارالعلوم کی مالی امداد کے لئے روانہ کی۔ اس درخواست کی ابتداء میں ندوۃ العلماء کے مختصر تعارف کے بعد لکھا گیا کہ دارالعلوم کا طالب علم علوم عربیہ میں پوری مہارت رکھتا ہے۔ وہ عربی اور اردو میں بے تکلف تقریر کرنے کے علاوہ انگریزی ادب میں بھی کار آمد معلومات رکھتا ہے اور ضروریات زمانہ سے باخبر ہونے کے ساتھ دنیوی زندگی میں بھی کسی طبقے سے پیچھے نہیں ہے۔ یہی وجہ ہے کہ دارالعلوم ندوۃ العلما کی شہرت ہندوستان سے گزر کر مصر و شام تک پہنچ گئی ہے چنانچہ مصر کے ایک عالم علامہ رشید رضا نے ندوۃ العلماء کے قائم کردہ اصول پر مصر میں ایک مدرسہ قائم کیا ہے جو دارالعلوم ندوۃ العلماء کی کامیابی کا بڑا ثبوت ہے۔ درخواست میں دارالعلوم کی اہم ضروریات کے بارے میں بتایا گیا کہ دارالعلوم کی عمارت پر نواسی ہزار روپے صرف ہو چکا ہے اور ابھی بیالیس ہزار روپے کی ضرورت ہے۔ دارالاقامہ کی تجویز ملتوی کر دی گئی ہے جس کے لئے ایک لاکھ اسی ہزار روپے درکار ہیں۔ کتب خانہ کرایہ کے مکان میں ہے اس کے لئے موزوں اور مناسب

عمارت کی ضرورت ہے۔ ایک مسجد کی سخت ضرورت ہے کیونکہ دارالعلوم کے گرد دور دور تک مسجد نہ ہونے سے طلبہ دارالعلوم کے ہال میں نماز پڑھتے ہیں۔

اساتذہ اور ملازمین کے لئے احاطہ دارالعلوم میں مکانات تعمیر کرنے کی ضرورت ہے اور طلبہ کے وظائف کے لئے رقم درکار ہے۔ درخواست کے آخر میں لکھا گیا کہ طلبہ کی تعداد میں اضافے سے ندوۃ العلماء کے ارکان کی مشکلات میں اضافہ ہو رہا ہے لیکن وہ دل شکستہ اور مایوس نہیں ہیں انہیں خدا پر بھروسہ ہے اور وہ آصف سابع کو امید بھری نظروں سے دیکھتے ہیں جن کی فیاضی اور گہر ریزی سے ملک کی قومی اور مذہبی درسگاہیں روز افزوں پروان چڑھ رہی ہیں۔ ناظم و معتمد امور مذہبی نے اس درخواست کے بارے میں رائے دی کہ دارالعلوم کی عمارت ناتمام ہے جس کی تکمیل کے لئے بیالیس ہزار روپے کی ضرورت ہے اگر اس قدر رقم منظور کی جائے تو اس کی تکمیل کا سہرا حکومت حیدرآباد کے سر رہے گا۔ صدر الصدور نے لکھا کہ ندوۃ العلما کے ابتدائی قیام سے انہیں اس کی خدمت کی سعادت حاصل رہی ہے۔ ہندوستان کے ان مقدس علما نے جو علم و فضل اور تقدس کے لحاظ سے مسلمانوں کے لئے سرمایہ ناز تھے اس مجلس کی بنیاد ڈالی اور اس کی نشو ونما میں سعی کی۔ دارالعلوم ندوۃ العلما کی مثال نے ہندوستان کے دوسرے مشہور مدارس عربیہ کو بھی اصلاح کی جانب مائل کیا اور اس ملک میں علوم عربیہ کی بقا و ترقی میں دارالعلوم ندوۃ العلما نے نمایاں کامیابی حاصل کی ہے۔ آخر میں انہوں نے تحریر کیا کہ دارالعلوم ندوۃ العلماء کے نام پانچ سو روپے ماہوار اور دارالعلوم کی عمارت کی تکمیل کے لئے بیالیس ہزار روپے یکمشت امداد مناسب رہے گی۔ باب حکومت نے رائے دی کہ جدید امداد غیر ضروری ہے۔ ایک سو روپے ماہانہ جو پہلے دیئے جاتے تھے۔ وہ تین سال کے لئے جاری رکھے جاسکتے ہیں بشرطیکہ آصف سابع پسند فرمائیں۔

آصف سابع نے باب حکومت کی رائے نظر انداز کرتے ہوئے بذریعہ فرمان مورخہ ۲۲/ اپریل ۱۹۲۳ء دارالعلوم ندوۃ العلما لکھنو کے نام تین سو روپے کلدار ماہانہ یکم رمضان ۱۳۴۱ھ م ۱۸/ اپریل ۱۹۲۳ء سے جاری کرنے کے احکام صادر کئے۔

اس امداد کے جاری ہونے کے تقریباً ساڑھے چار سال بعد مولانا سید سلیمان ندوی، معتمد دارالعلوم ندوۃ العلما لکھنو نے ایک درخواست مورخہ ۲۴/ ربیع الثانی ۱۳۴۶ھ م ۲۱/ اکتوبر ۱۹۲۷ء آصف سابع کی خدمت میں روانہ کی جسمیں انہوں نے لکھا کہ دارالعلوم مذکور کی روز افزوں ضرورت اور بعض نئے درجوں کے افتتاح اور حدیث شریف کے لئے ایک خاص مستند درس کے قیام کے سبب سوااس کے چارہ نہیں کہ دوبارہ اس مرکز امید آستانہ اقدس کی طرف رخ کیا جائے اور پانسو ماہوار کی مزید امداد شاہی کی درخواست کی جائے اس درخواست پر صدالصدور اور صدرالمہام امور مذہبی نے امداد میں اضافہ کی سفارش کی لیکن ناظم و معتمد امور مذہبی نے لکھا کہ اس محکمہ میں اس کے لئے کوئی گنجائش نہیں ہے۔ اس بارے میں باب حکومت میں بالاتفاق طے پایا کہ موجودہ امداد کافی ہے مزید امداد کے لئے کوئی وجہ نہیں پائی جاتی۔ جب اس کارروائی کی تفصیلات ایک عرضداشت کے ذریعہ آصف سابع کی خدمت میں پیش کی گئیں تو انہوں نے باب حکومت کی قرارداد سے اتفاق کیا اور بذریعہ فرمان مورخہ ۴/ مارچ ۱۹۲۹ء یہ حکم صادر کیا، موجودہ امداد سردست کافی ہے اضافہ کی ضرورت نہیں ہے۔

ناظم ندوۃ العلما کی جانب سے تقریباً پندرہ سال بعد پھر ایک درخواست حکومت ریاست حیدرآباد کو بھیجی گئی۔ اس درخواست میں دارالعلوم کی تفصیلی کیفیت اور موجودہ حالات کا تذکرہ کرتے ہوئے لکھا گیا کہ مالی پریشانیاں ناقابل برداشت ہوگئی ہیں ماہانہ امداد میں اضافہ کے ساتھ ہی ساتھ پندرہ ہزار روپے قرض کے بوجھ سے بھی سبکدوش کرنے

کی استدعا کی گئی۔ ایک عرضداشت میں اس درخواست کا خلاصہ، اس پر محکمہ فینانس کی رائے اور باب حکومت کی قرار داد کو درج کر کے اس آصف سابع کی خدمت میں پیش کیا گیا۔ جس پر آصف سابع نے حسب ذیل فرمان مورخہ ۲/مارچ ۱۹۴۴ء کے ذریعہ ماہانہ امداد میں اضافہ اور قرض کی ادائی کے لئے دس ہزار روپے کئے۔

کونسل کی رائے کے مطابق مذکورہ مدرسہ کی موجودہ امداد میں تین سو روپے کلدار ماہانہ کا اضافہ کیا جائے یکم اردی بہشت سے اور ادائی قرضہ کے لئے فینانس کی مجوزہ گنجائش سے یکمشت دس ہزار کلدار دئے جائیں یعنی منجانب گورنمنٹ حیدرآباد چھان بین کر کے راست قرضہ اداہونا مناسب ہو گا اور اگر اس مقدار میں کامل ادائی نہیں ہو سکتی ہے تو اسوقت پھر اس پر غور ممکن ہے۔

اس فرمان کی تعمیل میں ڈاکٹر ناظر یار جنگ رکن مجلس انتظامی ادارہ ندوۃ العلما لکھنو کو نظامت امور مذہبی نے بحیثیت نمائندہ حیدرآباد حسابات کا معائنہ کر کے قرضوں سے متعلق رپورٹ کرنے کے لئے لکھا۔ چنانچہ انہوں نے تنقیح کے بعد رپورٹ روانہ کی کہ قرضہ جات کی رقم اٹھارہ ہزار نو سو ترپن روپے پندرہ آنے ایک پائی۔ ۱۔۱۵۔۱۸۹۵۳ ہے۔ اس لئے بہ لحاظ منظوری دس ہزار روپے کلدار قرض کی ادائیگی کے لئے بھیج دئے گئے۔ اب ندوۃ العلماء دس ہزار روپے قرض کے بارے میں سبکدوش ہو چکا تھا مگر ابھی تقریباً نو ہزار روپے واجب الادا تھے اور آصف سابع نے اپنے فرمان میں لکھا تھا کہ اگر اس مقدار (دس ہزار روپے) میں کامل ادائی نہیں ہو سکتی ہے تو اس وقت پھر اس پر غور ممکن ہے ان حالات کے پیش نظر اندرون ایک سال سید عبدالعلی ناظم ندوۃ العلما لکھنو نے ناظم امور مذہبی کے نام ایک درخواست میں لکھا کہ بقیہ قرض کی ادائی کے لئے مناسب کارروائی کی تحریک فرما کر ممنون فرمائیں۔

اس درخواست پر معتمد عدالت و کوتوالی و امور عامہ نے لکھا کہ ادارہ ندوۃ العلما لکھنو ہندوستان کے بڑے اور موقر اداروں میں سے ہے اور اسے بین الاقوامی حیثیت حاصل ہے۔ مولانا سید سلیمان ندوی اس کارروائی کے سلسلے میں حیدرآباد آئے ہوئے ہیں۔ بہتر ہوگا کہ اسکا جلد تصفیہ کر دیا جائے۔ محکمہ فینانس نے رائے دی کہ منظوری کی صورت میں قرض کی ادائی بعد تحقیق و اطمینان راست حکومت حیدرآباد کے ذریعہ کی جائے گی۔ باب حکومت نے قرض کی ادائی کے لئے قرار داد منظور کی۔ ایک عرضداشت میں اس کارروائی کی ساری تفصیلات اور باب حکومت کی قرار داد لکھ کر اسے آصف سابع کے ملاحظے میں پیش کیا گیا جس پر آصف سابع نے قرض کی ادائی کے لئے رقمی منظوری دیدی۔ اس بارے میں جو فرمان مورخہ ۱۵؍ مئی ۱۹۵۴ء صادر ہوا تھا اس کا متن درج ذیل ہے۔

کونسل کی رائے کے مطابق ادارہ ندوۃ العلما لکھنو کو ادائی قرضہ جات کے لئے ۱۔۱۵۔۸۹۵۳ روپے بشرائط مجوزہ فینانس بطور امداد دیئے جائیں۔

٭ ٭ ٭

بنارس ہندو یونیورسٹی کو حیدرآباد کی امداد

آصف جاہی خاندان کے آخری حکمران میر عثمان علی خاں آصف سابع کے دور میں ریاستِ حیدرآباد نے زبردست ہمہ جہتی ترقی کی۔ ان کے عہد میں تمام شعبہ ہائے حیات میں ترقی کی رفتار دیگر آصف جاہی حکمرانوں کے ادوار کی بہ نسبت بہت تیز تھی۔ یوں تو آصفِ سابع کی نگاہ اور توجہ زندگی کے ہر شعبے پر تھی لیکن انہوں نے تعلیم کے فروغ اور اس کی اشاعت میں غیر معمولی دلچسپی لی۔ ان کے عہد میں ریاست میں مدارس اور کالجوں کی تعداد میں کئی گنا اضافہ ہوا۔ ریاست میں کوئی یونیورسٹی نہیں تھی جس کی وجہ سے ریاست کے طلبہ کو مدراس اور دوسری جامعات کا رخ کرنا پڑتا تھا۔ اس کمی اور ضرورت کو جامعہ عثمانیہ کے قیام کے ذریعے پورا کیا گیا جس کی وجہ سے ریاست میں نہ صرف ایک تعلیمی انقلاب رونما ہوا بلکہ زندگی کے دیگر شعبوں میں بھی ایک انقلاب آیا۔ آصف سابع کی تعلیم سے دلچسپی صرف ریاست تک محدود نہیں رہی بلکہ انہوں نے بیرون ریاست کے مدارس، یونیورسٹیوں اور دیگر تعلیمی اداروں کو بھی فیاضانہ طور پر مدد دی۔ علیگڑھ مسلم یونیورسٹی کو ریاست حیدرآباد سے جو امداد دی گئی تھی وہ کوئی ڈھکی چھپی بات نہیں ہے۔ سرسید کے خواب کو شرمندہ تعبیر کرنے اور تعلیمی طور پر ہندوستان کے پسماندہ مسلمانوں کے مقدر کو بدلنے کیلئے بے دریغ سرمایے کی ضرورت تھی۔ ریاست حیدرآباد ملک کی سب سے بڑی دیسی ریاست ہونے کے باعث جس کا حکمراں مسلمان تھا، علیگڑھ مسلم یونیورسٹی کے قیام، توسیع اور مقررہ نشانوں کے حصول کیلئے خاطر خواہ مالیہ کی فراہم

کی اپنی ذمہ داری سے روگردانی نہیں کر سکتی تھی۔ ملک کی بعض دوسری جامعات اور ایسی ہی دوسری تحریکوں کی امداد اور سرپرستی کیلئے جہاں ملک بھر میں وسائل لامحدود تھے، راجاؤں، مہاراجاؤں، سرمایہ اداروں اور صنعت کاروں کے خزانوں کے منہ ان کیلئے کھلے تھے، علیگڑھ کے وسائل محدود تھے۔ یہاں زمین سنگلاخ تھی جس کی آبیاری جوئے شیر لانے سے کم نہ تھی۔ اس لئے ریاستِ حیدرآباد کی طرف سے علی گڑھ کی مدد اور تعاون کو فطری امر کی حیثیت حاصل تھی۔ علاوہ ازیں حیدرآباد سے علیگڑھ جاکر تعلیم حاصل کرنے والوں کی تعداد بھی دیگر علاقوں سے رجوع ہونے والوں کے مقابلے میں نمایاں طور پر زیادہ تھی۔

علیگڑھ یونیورسٹی کے علاوہ بیرونِ ریاست کی چند اہم اور ممتاز یونیورسٹیوں اور تعلیمی اداروں مثلاً گرودیو ٹیگور کی شانتی نکیتن، آندھرا یونیورسٹی، بنارس ہندو یونیورسٹی، بھنڈارکر اورینٹل ریسرچ انسٹی ٹیوٹ اور دوسرے اداروں کو بھی آصف سابع نے گراں قدر عطیے دیئے تھے۔ سید منظر علی اشہر اپنی کتاب "حیدرآباد کی علمی فیاضیاں" میں لکھتے ہیں۔ "ڈاکٹر رابندر ناتھ کی قائم کردہ درس گاہ بول پور کیلئے یکمشت ایک لاکھ روپے کا عطیہ اواخر ۱۳۴۵ھ م ۱۹۲۶-۱۹۲۷ء میں منظور فرمایا گیا۔ ڈاکٹر صاحب اسی کام کیلئے بطور خاص حیدرآباد تشریف لائے تو سوا لاکھ کا عطیہ عنایت فرمایا گیا۔ کہتے ہیں کہ سوا دو لاکھ روپئے کے اس عطیے سے شانتی نکیتن میں فارسی زبان کی کرسی قائم کی گئی"۔ شانتی نکیتن کے علاوہ بنارس ہندو یونیورسٹی اور آندھرا یونیورسٹی کو بھی ایک ایک لاکھ روپئے کے عطیے دیئے گئے تھے۔ عطیوں کی منظوری کے سلسلے میں جو فرامین صادر ہوئے تھے وہ اسٹیٹ آرکائیوز میں محفوظ ہیں۔ ان یونیورسٹیوں کے علاوہ بھنڈارکر اورینٹل ریسرچ انسٹی ٹیوٹ کو ایک گیسٹ ہاؤس کی تعمیر اور مہابھارت کی اشاعت کے لئے ساڑھے سینتیس ہزار

اور ساڑھے دس ہزار روپئے منظور کئے گئے تھے۔ اس کی تفصیلات میں نے ایک علحدہ مضمون میں بیان کی ہیں۔ اس مضمون میں بنارس یونیورسٹی کو دیئے گئے عطیہ کی کارروائی کی تفصیلات دی جارہی ہیں جو آرکائیوز کے مستند ریکارڈ کی چھان بین اور تجزیے کا نتیجہ ہیں۔ بنارس ہندو یونیورسٹی اور انجمن حمایتِ اسلام کو ریاست حیدرآباد کی جانب سے عطیے دیئے جانے کی نسبت باب حکومت نے اپنے اجلاس منعقدہ ۸ بہمن ۱۳۴۸ف م ۱۲ڈسمبر ۱۹۳۸ء میں حسب ذیل قرارداد منظور کر کے آصفِ سابع کے ملاحظے کیلئے روانہ کی تھی۔ "بالاتفاق قرار پایا کہ ہزہائی نس مہاراجا بیکانیر کی آمد کے موقع پر جو بنارس یونیورسٹی کے چانسلر ہیں، سرکار کی جانب سے پینتیس ہزار کا عطیہ مرحمت فرمایا جانا مناسب ہے۔ اسی طرح انجمن حمایت اسلام لاہور کے جوبلی کے موقع پر پچیس ہزار کا عطیہ سرکار عالی کی جانب سے مرحمت ہونا مناسب ہے۔ انجمن مذکور کو حسب ارشاد سلطانی اطلاع دی جائے گی کہ بعض وجوہ سے برادران والا شان انجمن کی جوبلی کے موقع پر شریک نہیں ہوسکتے جس کا افسوس ہے"۔

مندرجہ بالا قرارداد پر بعد "ملاحظہ" آصفِ سابع نے یہ حکم جاری کیا"۔ بنارس یونیورسٹی اور انجمن حمایتِ اسلام لاہور دونوں کو تیس تیس ہزار کلدار کا عطیہ دیا جائے تاکہ ہر دو کے عطیے کی رقم مساوی ہو ورنہ پبلک کو اعتراض ہوگا"۔ آصفِ سابع کے اس حکم کی اطلاع دفترِ پیشی سے کاظم یار جنگ نے ایک مراسلے مورخہ ۲۹ شوال ۱۳۵۷ھ م ۲۲ڈسمبر ۱۹۳۸ء کے ذریعہ باب حکومت کو روانہ کی۔ بنارس یونیورسٹی کو تیس ہزار کلدار عطیہ دینے کے بارے میں آصف سابع کا حکم جاری ہونے کے فوری بعد مہاراجا بیکانیر ہزہائی نس گنگا سنگھ نے جو بنارس یونیورسٹی کے چانسلر بھی تھے تحریری طور پر نمائندگی کی کہ بنارس یونیورسٹی کیلئے ایک بڑا عطیہ منظور کیا جائے۔ انہوں نے بنارس یونیورسٹی کی

امداد کے سلسلے میں ڈسمبر ۱۹۳۸ء میں آصف سابع کو جو مکتوب تھا اس کا خلاصہ مندرجہ ذیل ہے۔

میں ایک طویل عرصہ سے ہز اگزالٹیڈ ہائی نس سے بنارس یونیورسٹی کے بارے میں گفتگو کرنے اور اس عظیم قومی ادارے کی سرپرستی اور مدد کیلئے درخواست کرنے کا خواہشمند رہا ہوں لیکن مجھے اس بات کا ملال ہے کہ کام کی زیادتی کی وجہ سے میں پہلے ایسا نہ کر سکا۔ میں کتاب "بنارس ہندو یونیورسٹی ۱۹۰۵-۱۹۳۵ء کا ایک نسخہ روانہ کر رہا ہوں جس کے ذریعہ ہز اگزالٹیڈ ہائی نس کو اس بات کا اندازہ ہوگا کہ اس مدت کے دوران اس یونیورسٹی نے کیا کچھ کیا ہے۔ میں یونیورسٹی کے قیام سے اس کے ساتھ ہوں اور اس کی غیر معمولی ترقی اور ہمہ جہتی فروغ کو غیر معمولی شکرگزار جذبے کے ساتھ دیکھتا ہوں۔ یہ یونیورسٹی ایک کل ہند ادارہ ہے۔ اس کا اسٹاف اور طلبہ ہندوستان کے تقریباً تمام حصوں بشمول ہندوستانی ریاستوں کی نمائندگی کرتے ہیں۔ ہز اگزالٹیڈ ہائی نس کو یہ جان کر مسرت ہوگی کہ دیسی ریاستوں کے کئی حکمرانوں نے بنارس ہندو یونیورسٹی کی سرپرستی اور مدد کی ہے۔ یونیورسٹی کو پچاس لاکھ روپے کی فوری ضرورت ہے۔ اسے امپریل بینک آف انڈیا کا تقریباً تیرہ لاکھ روپۓ کا قرض ادا کرنا ہے۔ یونیورسٹی کو اپنی سالانہ آمدنی میں ایک لاکھ روپۓ کا جو خسارہ ہوتا ہے اسے اس کی بھی پابجائی کرنی پڑتی ہے۔ یونیورسٹی میں انجنیئرنگ کالج، آیورویدک کالج اور مزید چار ہاسٹل تعمیر کرنے، زراعتی انسٹی ٹیوٹ اور انجنیئرنگ ورکشاپ کو ترقی دینے، کامرس کی فیکلٹی قائم کرنے اور ہاسپٹل کو توسیع دینے کا پروگرام ہے۔ ان کاموں اور دوسرے ضروری امور کی تکمیل کیلئے کم از کم ۵۰ لاکھ روپۓ کی رقم اکٹھا کرنے کی ضرورت ہے۔ آخر میں انہوں نے درخواست کی کہ آصفِ سابع ایک شاندار عطیہ دے کر یونیورسٹی کی مدد فرمائیں۔

بنارس یونیورسٹی کو تیس ہزار روپے کی امداد منظور کی جاچکی تھی اور بعد ازاں آصف سابع اس امداد میں اضافہ کرنے کیلئے تیار نہیں تھے۔ چنانچہ ان کا حسب ذیل حکم کاظم یار جنگ نے مراسلہ مورخہ ۵ ذی قعدہ ۱۳۵۷ھ م ۲۸ ڈسمبر ۱۹۳۸ء کے ذریعہ باب حکومت کو روانہ کیا۔

"بنارس یونیورسٹی کیلئے جو کچھ امداد حال میں منظور ہوئی ہے اس کی اطلاع صیغہ متعلقہ سے بنارس یونیورسٹی کو دے دی جائے۔ ہزہائی نس کے خط کے جواب میں جو کچھ کہنا ہے مہاراجا آئے بعد بالمشافہ پریسیڈنٹ کونسل کہہ دے سکتے ہیں کہ جو کچھ امداد دی گئی ہے اس سے زائد ممکن نہیں ہے کہ خود ہمارے یہاں بہت سے رفاہ عام کے کاموں کیلئے رقم کی ضرورت ہے"۔

مہاراجا بیکانیر کے خط کے باوجود جب آصف سابع نے یہ حکم جاری کر دیا کہ بنارس یونیورسٹی کو تیس ہزار روپئے سے زائد امداد دینا ممکن نہیں ہے تو باب حکومت نے اس کارروائی پر اپنے اجلاس منعقدہ ۲۵ بہمن ۱۳۴۸ف م ۳۰ ڈسمبر ۱۹۳۸ء میں مکرر غور کیا اور حسب ذیل اہم قرارداد منظور کی جس میں بنارس یونیورسٹی کو ایک لاکھ کلدار کا عطیہ دینے کی سفارش کی گئی۔ "باادب عرض کیا جائے کہ جس وقت کونسل (باب حکومت) نے بنارس یونیورسٹی کو پینتیس ہزار روپئے امداد دینے کی سفارش عرض کی تھی اس وقت کونسل کو ان واقعات کا پورا علم نہیں تھا جو اب حاصل ہوا ہے۔ بنارس یونیورسٹی کو مہاراجگان جے پور وغیرہ نے کئی کئی لاکھ یکمشت عطیہ دیا ہے اور سالانہ رقم اس کے علاوہ دیتے ہیں۔ رام پور نے جو ایک چھوٹی ریاست ہے ایک لاکھ کا عطیہ دیا ہے اور چھ ہزار سالانہ دیتی ہے۔ بنارس ہندو یونیورسٹی کی وہی حیثیت ہندوستان میں ہے جو علیگڑھ مسلم یونیورسٹی کی ہے اور حقیقی معنوں میں ہندوؤں کی یہی یونیورسٹی ہے گو اس میں بہت سے

مسلم طلبہ بھی تعلیم پاتے ہیں۔ بحالتِ معروضۂ بالا باادب یہ عرض کی جرات کی جاتی ہے کہ جو امداد اس یونیورسٹی کو دی جائے اور خصوصاً ایسی صورت میں جبکہ ہزہائی نس مہاراجا صاحب بیکانیر چانسلر کی سی بااثر ہستی نے استدعا کی ہے تو وہ اس ریاست ابدی مدت کے جو ہندوستان کی سب سے بڑی ریاست ہے ، شایان شان ہونی چاہیئے۔ لہٰذا کونسل کا یہ معروضہ ہے کہ ایک لاکھ کلدار کا عطیہ یونیورسٹی کو دیا جائے۔ اس کی ادائیگی زائد از موازنہ ہوگی۔ اگر بندگان اقدس و اعلیٰ پسند فرمائیں تو جس وقت مہاراجا بیکانیر یہاں آئیں تو حضرت اقدس و اعلیٰ خود ان سے اس عطیے کا ارشاد فرمائیں"۔ صدر اعظم سر اکبر حیدری نے اس کارروائی کی تمام تفصیلات اور باب حکومت کے مکرر اجلاس میں منظورہ قرارداد کو ایک عرض داشت مورخہ ۱۳ ذی قعدہ ۱۳۵۷ھ م ۵ جنوری ۱۹۳۹ء میں درج کر کے آصفِ سابع کے ملاحظہ کیلئے روانہ کی۔ کونسل کی قرارداد کو منظوری حاصل ہوئی اور اس سلسلے میں آصفِ سابع کا حسبِ ذیل فرمانِ مورخہ ۱۵ ذی قعدہ ۱۳۵۷ھ جاری ہوا۔ "بہ لحاظ واقعات معروضہ عرض داشت کونسل کی رائے کے مطابق ہماری گورنمنٹ کی جانب سے بنارس ہندو یونیورسٹی کے لئے ایک لاکھ کلدار کا عطیہ منظور کیا جائے۔ اس کی اطلاع پریسیڈنٹ کونسل (صدر اعظم) بالمشافہ مہاراجا بیکانیر کو دے دیں تو کافی ہے جس وقت وہ یہاں آجائیں"۔

ابتداء میں آصف سابع نے بنارس ہندو یونیورسٹی کے لئے تیس ہزار کلدار کا عطیہ منظور کیا تھا۔ اس عطیے کی منظوری کے فوری بعد فراخ دلانہ عطیہ منظور کرنے کیلئے مہاراجا بیکانیر چانسلر بنارس یونیورسٹی کا مکتوب وصول ہوا تھا لیکن آصف سابع اپنے سابقہ فیصلے پر قائم رہے اور انہوں نے اس پر نظر ثانی کرنے سے انکار کر دیا لیکن جب باب حکومت نے اپنی مکرر عرض داشت میں اس کارروائی کے سلسلے میں تفصیلی کیفیت لکھتے ہوئے ایک

لاکھ کلدار کی منظوری صادر کرنے کی سفارش کی تو آصف سابع نے بلا تامل اس سفارش کو منظور کرلیا جو اس بات کا واضح ثبوت ہے کہ اصف سابع اپنے مشیروں کے مناسب اور صحیح مشوروں کو قبول کرنے میں پس و پیش نہیں کرتے تھے۔ وہ ہمیشہ اپنی بات اور فیصلے پر اڑے اور اٹل رہنے کی کی بجائے صحیح واقعات کے سامنے آنے پر لچک دار رویہ اپناتے ہوئے اپنے سابقہ فیصلے پر نظر ثانی کرنے کیلئے تیار ہو جاتے تھے۔ اس سے یہ بھی ظاہر ہوتا ہے کہ امداد کے سلسلے میں وہ کوئی تحفظِ ذہنی نہیں رکھتے تھے۔

***

انگلینڈ اور ہالینڈ کے علمی ادارے:
سابق ریاست حیدر آباد کی امداد

سابق ریاست حیدر آباد کے آخری فرماں روا نواب میر عثمان علی خان آصف سابع کی فراخ دلی اور فیاضی بلکہ فیض رسانی کی شہرت نہ صرف سارے بر صغیر ہندوستان بلکہ ہندوستان سے باہر بلا وجہ نہیں تھی۔ حقیقت یہ ہے کہ جہاں سے بھی اور جس نے بھی علمی و تہذیبی نقطہ نظر سے کسی اہم مقصد کے لئے امداد کی درخواست کی آصف سابع نے بڑھ چڑھ کر مدد کی۔ مجوزہ اعانت میں کمی نہیں کی بلکہ اس میں اضافہ کیا۔ یورپ کے ترقی یافتہ اور خوشحال ممالک بھی حکومت ریاست حیدر آباد سے اس سلسلے میں رجوع ہوئے اور انہیں اس ریاست اور اس کے والی سے مایوس نہیں ہونا پڑا۔ آصف سابع کی علمی فیاضیوں سے نہ صرف علی گڑھ یونیورسٹی، بنارس یونیورسٹی، آندھرا یونیورسٹی، شانتی نکیتن، جامعہ ملیہ، بھنڈار کر اورنٹیل ریسرچ انسٹی ٹیوٹ، انسٹیٹ آف سائنس، بنگلور اور ملک کے دوسرے مقامات سے تعلق رکھنے والے ادارے اور افراد فیض یاب ہوئے بلکہ یورپ کے ممالک انگلستان اور ہالینڈ کے علمی اداروں نے بھی استفادہ کیا۔ آندھرا پردیش اسٹیٹ آرکائیوز اینڈ ریسرچ انسٹی ٹیوٹ میں اس تعلق سے جو مواد بکھرا پڑا ہے اس سے استفادہ کرتے ہوئے اس مضمون میں انگلستان اور ہالینڈ کے چار اہم علمی اداروں س کو دی گئی مالی امداد کی کارروائیوں کے مختصر خلاصے پیش کئے جا رہے ہیں جن سے علمی دنیا پوری

طرح آگاہ نہیں ہے یا جن کی تفصیلات سے اندازہ ہوتا ہے کہ یہ امداد اعانت اور یہ فیاضی کس درجہ اہم اور وقیع کہلا سکتی ہے۔

آرام اسٹرانگ کالج، نیوکیاسل (یونیورسٹی آف ذرہم) کے پرنسپال سر تھیوڈور میوریسن نے نواب میر عثمان علی خان آصف سابع کے نام اپنی ایک درخواست مورخہ ۱۰/جون ۱۹۲۶ء میں لکھا کہ لندن کے باہر انگلستان کے لوگوں میں ہندوستان کے بارے میں بڑی لاعلمی پائی جاتی ہے۔ آبادی کے بڑے مراکز میں تعلیم یافتہ اور متمول طبقہ بھی ہندوستان کے بارے میں کچھ واقف نہیں ہے۔ اس لاعلمی کو دور اور ختم کرنے کا موثر طریقہ یہ ہے کہ کتب خانوں کو ہندوستان کے بارے میں کتابیں فراہم کی جائیں۔ چنانچہ اس مقصد کی خاطر وہ ہندوستان پر کتابوں کی ایک اچھی لائبریری قائم کرنا چاہتے ہیں۔ اس لائبریری میں وہ ہندوستانی مصوری اور ہندوستان کے فن تعمیر کے علاوہ ہندوستان کی تاریخ پر کتابوں کا ایک بڑا ذخیرہ جمع کرنے کے خواہش مند ہیں۔ ہندوستان کی تاریخ میں وہ خصوصیت کے ساتھ عہد وسطی کی اہم معاصر تاریخ کی کتابوں کے ترجمے جیسے ابو الفضل کا اکبر نامہ و آئین اکبری عبدالقادر بدایونی کی منتخب التواریخ، ابوالقاسم کی تاریخ فرشتہ، تزک بابری اور تزک جہانگیری وغیرہ اس لائبریری میں رکھنا چاہتے ہیں۔ سر تھیوڈور مورسین نے متذکرہ بالا کتابوں کے ذخیرے کی خریدی کے لئے ایک ہزار پونڈ کی ضرورت ظاہر کرتے ہوئے درخواست کی کہ ہندوستان پر کتابوں کی خریدی اور کتب خانے کے قیام کے لئے ایک ہزار پونڈ کا عطیہ منظور کیا جائے۔

جب باب حکومت کے اجلاس میں یہ کارروائی پیش ہوئی تو بہ غلبہ آرا یہ قرار داد منظور کی گئی۔ سرکار میں عرض کیا جائے کہ خاص حالات کے لحاظ سے اس کام میں پانچ سو پونڈ چندہ دیا جائے تو نامناسب نہ ہو گا مگر لطف الدولہ بہادر کو اس رائے سے اختلاف

ہے۔ ان کی رائے میں یا تو کچھ نہیں دینا چاہئے اور اگر دیں تو پوری رقم جس کی استدعا سر تھیوڈور موریسن نے کی ہے یعنی ایک ہزار پونڈ دینا چاہئے۔ جب یہ کارروائی ایک عرضداشت کے ذریعہ آصف سابع کے ملاحظہ میں پیش ہوئی تو انہوں نے فرمان مورخہ ۲۶/ اگست ۱۹۲۶ء کے ذریعہ کتب خانے کی امداد کے لئے ایک ہزار پونڈ کی منظوری صادر کی۔

اسکول آف اورینٹیل اسٹڈیز، لندن یونیورسٹی کی جانب سے مالی امداد کی درخواست پر باب حکومت نے امداد دینے کی سفارش کی۔ اس سفارش کے مطابق آصف سابع نے بذریعہ فرمان ۱۶/ اگست ۱۹۲۸ء تین سال کے لئے پانچ پونڈ سالانہ منظور کئے۔ مالی امداد منظور ہونے کی اطلاع ملنے پر اسکول کی مجلس انتظامی نے شکریے کا رزولیوشن منظور کیا اور ڈائرکٹر نے صدر المہام فینانس کے نام اپنے مراسلے مورخہ ۲۵/ اکتوبر ۱۹۲۸ء میں اس رزولیوشن کو درج کر کے استدعا کی کہ اسے آصف سابع کے ملاحظے میں پیش کیا جائے۔ جب اسکول کی امداد کی سہ سالہ مدت قریب الختم تھی تو اسکول آف اورنٹیل اسٹڈیز کی مجلس انتظامی کے صدر سرہارکورٹ بٹلر نے ایک درخواست روانہ کی جس میں انہوں نے اسکول کی اچھی کارکردگی کی تفصیلات بیان کرتے ہوئے گزارش کی کہ اسکول کے لئے جو فیاضانہ امداد منظور کی گئی تھی وہ بدستور جاری رکھی جائے۔ اس درخواست پر باب حکومت نے امداد کی رقم گھٹا کر اسے مزید تین سال تک جاری رکھنے کی سفارش کی۔

آصف سابع نے اس سفارش کو قبول کرتے ہوئے فرمان مورخہ ۶/ ستمبر ۱۹۳۲ء کے ذریعہ اس اسکول کے لئے ڈھائی سو پونڈ سالانہ مزید تین سال کے لئے منظور کئے۔ دوسری بار امداد کے جاری ہونے کے کچھ عرصہ بعد سرہارکورٹ بٹلر نے ایک مکتوب کے

ذریعہ استدعا کی کہ اسکول آف اورینٹیل اسٹڈیز کی دوسرے مقام پر تعمیر کی جانے والی عمارت کے لئے امداد دی جائے لیکن اس مرتبہ کوئی مالی امداد منظور نہیں کی گئی اور آصف سابع نے فرمان مورخہ ۱۵اپریل ۱۹۳۵ء کے ذریعہ حکم دیا، مدرسہ السنہ مشرقیہ کو کسی امداد کی ضرورت نہیں کیونکہ قبل ازیں کافی رقم دی جاچکی ہے۔

اسکول آف اورینٹیل اسٹڈیز کو دوسری بار تین سال کی مدت کے لئے جو امداد منظور کی گئی تھی وہ مدت بھی ختم ہوچکی تھی۔ اس کے کچھ ہی عرصہ بعد اس اسکول کے ڈائرکٹر سر وڈینسن راس کی یادداشت مورخہ ۱۸نومبر ۱۹۳۶ء حکومت ریاست حیدرآباد کے نام وصول ہوئی جس میں انہوں نے درخواست کی کہ اس اسکول کے شعبہ اردو کے لئے ریڈرشپ منظور کی جائے جسے دی نظامس ریڈرشپ ان اردو کے نام سے موسوم کیا جائے گا۔ اس درخواست پر باب حکومت نے امداد جاری کرنے کے سلسلے میں جو سفارش پیش کی تھی اسے قبول کرتے ہوئے آصف سابع نے فرمان مورخہ ۱۶ ستمبر ۱۹۳۷ء کے ذریعہ اسکول آف اورینٹیل اسٹڈیز، لندن یونیورسٹی میں اردو ریڈرشپ قائم کرنے کی غرض سے ڈہائی سو پونڈ سالانہ کی امداد منظور کی۔

(اسکول آف اورنٹیل اسٹڈیز کی امداد کی بارے میں ایک علاحدہ مضمون اس کتاب میں شامل ہے۔)

لیڈن یونیورسٹی (ہالینڈ) کے ڈاکٹر ووگل نے حکومت ریاست حیدرآباد کے نام ایک یادداشت روانہ کی جس میں انہوں نے لکھا کہ ہندوستانی علم آثار کو ترقی دینے کے لئے لیڈن یونیورسٹی (ہالینڈ) آرکیالوجی کی چھ جلدیں شائع ہوچکی ہیں جنہیں علمی دنیا میں کافی پسند کیا گیا ہے۔ اب ساتویں جلد زیر ترتیب ہے لیکن اس کام کی تکمیل میں مالی مشکلات درپیش ہیں۔ چونکہ حکومت ریاست حیدرآباد نے ایسے کاموں کی امداد میں دریا دلی سے

کام لیا ہے اور یہ کام ہندوستان کے ارباب ذوق کو بھی فائدہ پہنچائے گا اس لئے اگر دو یا تین سو روپے سالانہ امداد جاری کی جائے تو مشکلات دور ہو جائیں گی اور یہ علمی کام بغیر کسی رکاوٹ کے جاری رہ سکے گا۔ ناظم آثار قدیمہ نے اس یادداشت پر یہ لکھا کہ چونکہ ڈاکٹر ووگل نے دو یا تین سو روپے سالانہ کی امداد مانگتے ہوئے اس بات پر آمادگی ظاہر کی ہے کہ کتاب میں حکومت ریاست حیدرآباد کی مالی اعانت کا تذکرہ کیا جائے گا اور ریاست کے سر رشتہ (محکمہ) آثار قدیمہ کی کارگزاری پر بھی نمایاں تبصرہ شامل ہو گا اس لئے مناسب معلوم ہوتا ہے کہ سر رشتہ مذکور کی گنجائش سے پانچ سال کے لئے دو سو روپے کلدار کی امداد منظور کی جائے اور ڈاکٹر ووگل کو لکھا جائے کہ وہ سر رشتہ آثار قدیمہ کے علاوہ کتاب کے نسخے کتب خانہ آصفیہ، نظام کالج، عثمانیہ یونیورسٹی اور باب حکومت کے کتب خانوں کو بھی بلا قیمت روانہ کریں۔ معتمد و صدر المہام آثار قدیمہ کی رائے سے اتفاق کیا۔

باب حکومت نے حسب رائے ناظم آثار قدیمہ مالی امداد کی منظوری کی سفارش کی اور آصف سابع نے فرمان مورخہ ۸ جولائی ۱۹۳۴ء کے ذریعہ ببلو گرافی آف انڈین آرکیالوجی کی طباعت کی غرض سے پانچ سال کے لئے دو سو روپے سالانہ کی امداد منظور کی۔ ان احکام کی تعمیل میں ادارہ مذکور کو پانچ سال تک (۱۹۳۴ تا ۱۹۳۸ء امداد دی جاتی رہی۔ دوسری جنگ عظیم کی وجہ سے ببلو گرافی آف انڈین آرکیالوجی کی تدوین و اشاعت کا کام بند رہا۔ جنگ کے ختم ہونے کے بعد ڈاکٹر ووگل پروفیسر علم آثار لیڈن یونیورسٹی ہالینڈ نے حکومت حیدرآباد کے نام ایک درخواست میں لکھا کہ جنگ کے دوران جرمنی کے مظالم اور غارت گری کی وجہ سے ان کے ملک کی حالت بڑی خراب رہی۔ خوش قسمتی سے انسٹیٹیوٹ جنگ کی تباہ کاریوں سے محفوظ رہا اور اب وہ اپنا کام شروع کر سکتا ہے۔ ان دنوں انسٹیٹیوٹ مالی مشکلات سے دوچار ہے۔ انہوں نے انسٹی ٹیوٹ کو حسب سابق مالی

امداد جاری کرنے کی درخواست کی۔

سر رشتہ آثار قدیمہ نے اس درخواست پر لکھا کہ ادارہ مذکورہ کا رسالہ انڈین ببلو گرافی یورپ کے اہم اور مشہور رسالوں میں شمار کیا جاتا تھا اس میں ہندوستان کے آثار پر شائع ہونے والی مطبوعات پر عالمانہ تبصرے شائع کئے جاتے تھے۔ اس رسالے میں سب سے پہلے سر رشتہ آثار قدیمہ حکومت ریاست حیدرآباد کی سالانہ رپورٹوں اور دیگر مطبوعات پر اہم تبصرے شامل رہتے تھے۔ چونکہ اس رسالے کو آرکیالوجی کے ماہر وقعت کی نظر سے دیکھتے تھے اس لئے امداد کو دوبارہ تین سال کے لئے جاری کیا جانا چاہئے۔ سر رشتہ فینانس نے سر رشتہ آثار قدیمہ کی رائے سے اس صراحت کے ساتھ اتفاق کیا کہ ادارہ مذکور کو ۸ نسخے جات بلا قیمت سربراہ کرنا ہو گا۔ باب حکومت نے حسب تحریک سر رشتہ فینانس امداد جاری کرنے کے سلسلے میں قرارداد منظور کی۔ ان سفارشات کی روشنی میں آصف سابع نے تین سال کے لئے مالی امداد کی منظوری دی۔ اس بارے میں ان کا یہ فرمان مورخہ ۱۳/ جون ۱۹۴۶ء جاری ہوا۔ کونسل کی رائے کے مطابق اس ادارہ کو دو سو روپے کلدار سالانہ کی امداد تین سال تک جاری کی جائے اس صراحت کے ساتھ کہ یہ اس پرچے کے ۸ نسخے بلا قیمت ہمارے ہاں سربراہ کیا جائے۔

سر آسٹن چمبرلین (Sir Austen Chamberlain) نے ایک مکتوب ماہ اپریل ۱۹۳۴ء میں سر اکبر حیدری، صدر المہام فینانس حکومت ریاست حیدرآباد کے نام روانہ کیا جس میں انہوں نے لکھا کہ لندن اسکول آف ہائیجین اینڈ ٹراپکل میڈیسن (London School Of Hygiene & Tropical Medicine) کے لئے حکومت ریاست حیدرآباد کی جانب سے مالی امداد عطیے یا چند برسوں کے لئے چندے کی شکل میں جاری کروائی جائے۔ سر آسٹن چیمبرلین کچھ عرصہ قبل برطانوی کابینہ میں

سکریٹری آف اسٹیٹ فار انڈیا اور فارن سکریٹری جیسے بے حد اہم عہدوں پر مامور رہ چکے تھے۔ سر اکبر حیدری نے نواب کاظم یار جنگ کے نام اپنے مکتوب مورخہ ۲ / مئی ۱۹۳۴ء کے ساتھ ایک نوٹ روانہ کیا۔

اس نوٹ میں مہاراجہ سر کشن پرشاد، صدر اعظم اور ان کی کابینہ کے وزرا نے ادارہ مذکور کو دو ہزار پونڈ یکمشت مالی امداد دینے کی سفارش کی تھی۔ اس سفارش کی روشنی میں آصف سابع نے فرمان مورخہ ۱۴ / مئی ۱۹۳۴ء کے ذریعہ دو ہزار پونڈ یکمشت کی امداد منظور کی۔ امداد کی منظوری کی اطلاع ملتے ہی سر اکبر حیدری نے سر آسٹن چمبر لین کو بذریعہ تار اطلاع دی۔ سر آسٹن چمبر لین، چیئر مین کورٹ آف گورنرس ادارہ مذکور نے سر اکبر حیدری کے تار کے جواب میں مکتوب روانہ کرتے ہوئے لکھا کہ آصف سابع نے ایک نیک کام میں جس دلچسپی کا اظہار کیا ہے اور جو عطیہ مرحمت کیا ہے اس کی نسبت ادارہ مذکور کی جانب سے نیز ان کی جانب سے آصف سابع کی خدمت میں دلی شکریہ عرض کیا جائے۔

* * *

اسکول آف اورینٹل اسٹڈیز لندن یونیورسٹی:
سابق ریاست حیدرآباد کی امداد

ریاست حیدرآباد کے چشمہ فیض سے ریاست اور بیرون ریاست برصغیر کے دوسرے علاقے ہی نہیں بلکہ سمندر پار بیرونی ملکوں کے علاقے بھی سیراب ہوتے تھے۔

ریاست حیدرآباد کے آخری حکمراں آصف سابع نواب میر عثمان علی خان کی سرپرستی، امداد اور اعانت کے ذریعہ انگلستان (برطانیہ)، بیت المقدس اور عرب ملکوں کے اداروں کی آبیاری بھی ہوئی ہے۔ جن بیرونی ملکوں کے علمی اداروں، درس گاہوں کتب خانوں اور دیگر فلاحی اداروں کو رقمی امداد دی گئی تھی ان کی تعداد بھی بہت زیادہ ہے۔ یہ مختصر مضمون انگلستان کے ایک نامور تعلیمی ادارے "اسکول آف اورنٹیل اسٹڈیز، لندن یونیورسٹی" کو دی گئی مالی امداد کے بارے میں قلمبند کیا گیا ہے جو آندھرا پردیش اسٹیٹ آرکائیوز لینڈ ریسرچ انسٹی ٹیوٹ کے ریکاڈ کے مواد پر مبنی ہے۔

اس اسکول کو ابتداء میں تین سال تک پانچ سو پونڈ سالانہ امداد منظور کی گئی تھی۔ امداد کی توسیع کی درخواست پر ڈھائی سو پونڈ سالانہ امداد مزید تین سال کے لئے جاری کی گئی تھی۔ اسکول آف اورنٹیل اسٹڈیز کو چھ سال کی مدت (۱۹۲۸ء تا ۱۹۳۴ء) تک مالی امداد جاری رکھنے کے بعد اس خیال کے پیش نظر کہ اس ادارہ کو کافی امداد دی جاچکی ہے، امداد کو مسدود کر دیا گیا تھا۔ لیکن اس اسکول میں اردو ریڈر شپ یا اردو چیر (Urdu

Chair) کے قیام کے لئے مالی امداد کو بحال کرنے کی درخواست پر، تین سال بعد یہ مالی امداد پھر جاری کردی گئی۔

امداد کی کارروائی کا خلاصہ ذیل میں دیا جارہا ہے۔

لندن یونیورسٹی کے اسکول آف اورنٹیل اسٹڈیز (مدرسہ السنہ مشرقیہ) کی جانب سے مالی امداد منظور کئے جانے کے لئے آصف سابع کی خدمت میں ایک درخواست روانہ کی گئی، جسے آصف سابع نے بذریعہ فرمان مورخہ ۱۲/ ربیع الثانی ۱۳۴۶ھ، ۹/ اکتوبر ۱۹۲۷ء واپس کرتے ہوئے اس بارے میں باب حکومت (کابینہ) کی رائے طلب کی۔ باب حکومت نے اپنے اجلاس میں غور وخوض کے بعد یہ قرارداد منظور کی کہ اسکول آف اورنٹیل اسٹڈیز کو سردست تین سال کے لئے پانچ سو پونڈ سالانہ امداد مناسب ہے۔ جب اس بارے میں ایک عرضداشت مورخہ ۴/ اگست ۱۹۲۸ء آصف سابع کی خدمت میں پیش کی گئی تو آصف سابع نے اپنے فرمان مورخہ ۱۶/ اگست ۱۹۲۸ء کے ذریعہ اسکول آف اورنٹیل اسٹڈیز کے لیے پانچ سو پونڈ سالانہ تین سال کے لئے منظور کئے۔

مذکورہ بالا فرمان کی تعمیل میں مدرسہ مذکور کو پانچ سو پونڈ روانہ کئے گئے جس پر ڈائرکٹر اسکول آف اورنٹیل اسٹڈیز لندن یونیورسٹی نے ایک مراسلہ مورخہ ۱۸/ ستمبر ۱۹۲۸ء صدر المہام فینانس کے نام روانہ کیا۔ جس میں امداد کی منظوری پر آصف سابع کی خدمت میں اپنا عقیدت مندانہ شکریہ ادا کرنے کی درخواست کی۔ بعد ازاں مدرسہ مزکورہ کے ڈائرکٹر نے اپنے دوسرے مراسلے مورخہ ۲۵/ اکتوبر ۱۹۲۸ء موسومہ صدر المہام فینانس کے ذریعہ اطلاع دی کہ اس گراں قدر عطیہ کی منظوری کی اطلاع مدرسہ مذکور کی مجلس انتظامی کو دی گئی تھی جس پر مجلس مذکور نے شکریہ کا رزولیوشن منظور کیا تھا۔ اس رزولیوشن کی نقل اپنے مراسلے میں نقل کرتے ہوئے ڈائرکٹر نے استدعا کی کہ

اسے آصف سابع کی خدمت میں پیش کیا جائے۔ شکریے کے دونوں مراسلے علیحدہ علیحدہ عرضداشتوں کے ذریعہ آصف سابع کے ملاحظے میں پیش کئے گئے۔

جب منظورہ عطیے کی مدت ختم ہونے کے قریب تھی تو سر ہار کورٹ ہٹلر نے ایک مراسلہ مورخہ ۲۹/جولائی ۱۹۳۱ء روانہ کیا جس میں انہوں نے لکھا کہ اسکول کی مجلس انتظامی کے صدر کی حیثیت سے ان کی یہ درخواست ہے کہ آصف سابع نے اس مدرسہ کے لئے جو فیاضانہ عطیہ منظور کیا تھا وہ بدستور جاری رہے کیونکہ آصف سابع نے اپنی دریا دلی سے اس مدرسہ کے لیے جو پانچ سو پونڈ سالانہ کی امداد تین سال کے لئے منظور کی تھی اس کی مدت قریب الختم ہے۔ مدرسہ کی کارکردگی کے بارے میں ڈائرکٹر نے اطلاع دی کہ مدرسہ کا کام عمدہ طور پر چل رہا ہے۔ سال گزشتہ ۵۵۰ طلبہ اس اسکول میں شریک تھے جن میں ۸۷ طلبہ نے عربی، ۴۰ طلبہ نے فارسی اور ۴۴ طلبہ نے اردو کی تعلیم بحیثیت مضمون حاصل کی۔ اس کے علاوہ اسلامی علم و ادب پر بھی خاص لکچروں کا اہتمام کیا گیا تھا نیز تحقیقی کام بھی بہت ہوا ہے۔ اپنے مراسلے کے آخر میں انہوں نے لکھا کہ انہیں معلوم ہے کہ آصف سابع کے عمومی فیضان سے بہت سے ادارے استفادے کے متمنی رہتے ہیں تاہم وہ امید کرتے ہیں کہ اسکول آف اور نٹیل اسٹڈیز پر آصف سابع توجہ مبذول فرمائیں گے جن کی جانب سے ریاست حیدرآباد اور بیرون ریاست کے اعلیٰ تعلیمی اداروں کی بہت سرپرستی کی گئی ہے۔

سر ہار کورٹ بٹلر کے مندرجہ بالا مراسلے پر ناظم تعلیمات نے اپنی رائے دیتے ہوئے لکھا کہ مدرسہ مذکور کے حالات اور ترقی کے پیش نظر موجودہ امداد میں تین سال کی توسیع منظور کی جاسکتی ہے۔ معتمد تعلیمات نے اس رائے سے اتفاق کیا۔ صدر المہام فینانس نے لکھا کہ سر ہار کورٹ بٹلر کے مراسلے کے پیش نظر پانچ سو پونڈ سالانہ کی امداد

مزید تین سال تک جاری رکھنے سے سر رشتہ فینانس کو اختلاف نہیں ہے۔ صدر المہام تعلیمات نے تحریر کیا کہ رپورٹ سے ظاہر ہے کہ اسکول کی کرکردگی اطمینان بخش ہے اس لئے انہیں مقررہ امداد مزید تین سال تک جاری رکھنے سے اتفاق ہے۔ جب یہ کارروائی باب حکومت کے اجلاس منعقدہ یکم اگست ۱۹۳۲ء میں پیش ہوئی تو اس اجلاس میں اسکول آف اورنٹیل اسٹڈیز لندن کو پانچ سو پونڈ سالانہ کی بجائے ڈھائی سو پونڈ سالانہ امداد آئندہ تین سال کے لئے جاری رکھنے کے بارے میں قرار داد منظور ہوئی، مہاراجہ سر کشن پرشاد صدر اعظم نے ایک عرضداشت مورخہ ۲۴/اگست ۱۹۳۲ء میں، سر ہارکورٹ بٹلر کے مراسلے کا خلاصہ اس پر پیش کردہ سفارشات اور باب حکومت کی قرار داد درج کر کے اسے آصف سابع کے احکام کے لئے پیش کیا۔ آصف سابع نے باب حکومت کی قرار داد کو منظوری دی اور اس بارے میں آصف سابع کا یہ فرمان مورخہ ۶/ستمبر ۱۹۳۲ء صادر ہوا۔ کونسل کی رائے مناسب ہے۔ حسب مذکور مدرسہ کو مزید تین سال تک پانچ سو پونڈ کے بجائے ڈھائی سو پونڈ سالانہ کی امداد دی جائے۔

اسکول آف اورنٹیل اسٹڈیز کو چھ سال تک امداد جاری رہی، اس کے بعد سر ہارکورٹ بٹلر نے پھر اپنا ایک معروضہ آصف سابع کی خدمت میں روانہ کیا جس کے ساتھ ایک مطبوعہ اپیل appeal بھی منسلک تھی۔ اپنے معروضے میں سر ہارکورٹ بٹلر نے لکھا کہ انہیں آصف سابع کو مزید عطیہ کے لئے زحمت دیتے ہوئے ہچکچاہٹ کا احساس ہو رہا ہے لیکن وہ یہ بات آصف سابع کے علم میں لانا چاہتے ہیں کہ انگلستان میں السنہ مشرقیہ کی ترقی کا یہ بہت اچھا موقع ہے۔ چونکہ آصف سابع نے ہندوستان میں اشاعت علم کے لئے غیر معمولی سرپرستی کی ہے اور حیدرآباد میں قیام جامعہ عثمانیہ سے ایک عدیم المثال نظیر قائم کی ہے، اس لئے ان کو توقع ہے کہ ان کی پیش کردہ اپیل پر مناسب غور کیا جائے گا۔

اپیل میں یہ بتایا گیا تھا کہ مدرسہ کے لئے ایک عمارت دوسرے مقام پر تعمیر کی جانے والی ہے جس کے لئے مجموعی طور پر دولاکھ پچاس ہزار پونڈ کا صرفہ عائد ہونے کا اندازہ ہے۔ موجودہ عمارت اور اراضی کی فروخت سے ایک لاکھ پچاس ہزار پونڈ وصول ہونے کی توقع ہے۔ بقیہ رقم ایک لاکھ پونڈ چندے کے ذریعہ وصول کی جارہی ہے۔

سررشتہ تعلیمات نے اس بارے میں اس رائے کا اظہار کیا کہ سرہارکورٹ بٹلر کو اخلاقاً نفی میں جواب دینا مناسب ہے۔ سررشتہ فینانس نے لکھا کہ اس اسکول کو کم و بیش پینتیس ہزار روپے سکہ عثمانیہ کی امداد جاچکی ہے جو کافی و معقول خیال کی جاسکتی ہے مزید امداد کا دیا جانا باب حکومت کی صوابدید پر منحصر ہے۔ باب حکومت کے اجلاس میں بھی امداد دئے جانے کے بارے میں کوئی قرارداد منظور نہیں ہوئی اور یہ رائے ظاہر کی گئی کہ مدرسہ ہذا کی کافی امداد ہو چکی ہے۔ جب اس کارروائی کی تمام تفصیلات بذریعہ عرضداشت مورخہ ۴ / دسمبر ۱۹۳۴ء آصف سابع کی خدمت میں پیش ہوئی تو انہوں نے اپنے فرمان مورخہ ۱۵ / اپریل ۱۹۳۵ء کے ذریعہ حکم دیا کہ اسکول آف اورنٹیل اسٹڈیز کو کسی امداد کی ضرورت نہیں ہے، کیونکہ قبل ازیں کافی رقم دی جاچکی ہے۔

اس حکم کی تعمیل میں امداد مسدود کردی گئی لیکن کچھ عرصہ بعد سرڈینسین راس، ڈائریکٹر اسکول آف اورنٹیل اسٹڈیز کی یادداشت مورخہ ۱۸ / نومبر ۱۹۳۶ء وصول ہوئی جس میں اطلاع دی گئی کہ مدرسہ مذکور کے شعبہ اردو کے لئے ریڈرشپ کے قیام کی تجویز ہے جسے دی نظامس ریڈرشپ ان اردو [The Nizam's Readership in Urdu] کے نام سے موسوم کیا جائے گا۔ یہ اطلاع دیتے ہوئے استدعا کی گئی کہ اس کے لئے مالی امداد منظور کی جائے اور اگر اس درخواست کو منظوری حاصل نہ ہو سکے تو سابق میں چھ سال تک جو امداد فیاضانہ طور پر دی گئی تھی اس کو بحال کیا جائے۔

اس یادداشت کے بارے میں صدر المہام تعلیمات نے اپنی رائے کا اظہار کرتے

ہوئے تحریر کیا کہ ان کے خیال میں اسکول آف اورنٹیل اسٹیڈیز لندن یونیورسٹی میں اردو ریڈر شپ کے قیام میں مدد دینا مناسب ہوگا کیونکہ اردو زبان کی سرپرستی کرنا اس ریاست کی مستقل پالیسی ہے۔ انہوں نے مدرسہ مذکور کی امداد کو اردو ریڈر شپ کے لئے از سر نو تازہ کرنے کے لئے اپنی آمادگی ظاہر کرتے ہوئے دریافت کیا کہ سر رشتہ فینانس کو کس قدر امداد منظور کرنے سے اتفاق ہے؟ اور آیا یہ امداد درس گاہ مذکور کے شعبہ عربی کے لئے عطا کی جائے یا شعبہ اردو کے لئے؟

سر رشتہ فینانس نے اس بارے میں اپنی رائے دیتے ہوئے لکھا کہ سابقہ امداد کے بحال رکھے جانے سے سر رشتہ ہذا کو کوئی اختلاف نہیں ہے۔ یہ امداد آیا شعبہ اردو کے لئے ہو یا شعبہ عربی کے لئے اس کی نسبت باب حکومت سے جو تصفیہ کیا جائے گا اس سے سر رشتہ فینانس اتفاق کرے گا۔ جب یہ کارروائی باب حکومت کے اجلاس منعقدہ ۵/ اگست ۱۹۳۷ء میں پیش ہوئی تو اس میں یہ قرارداد منظور کی گئی کہ ڈھائی سو پونڈ سالانہ کی امداد اردو چیئر (Chair) کے لئے مرحمت کی جا سکتی ہے۔

سر اکبر حیدری صدر اعظم نے عرضداشت مورخہ ۲۴/ اگست ۱۹۳۷ء میں سر ڈینیسن راس کی یادداشت کا خلاصہ، اس پر صدر المہام تعلیمات و سر رشتہ فینانس کی رائے اور باب حکومت کی منظورہ قرارداد درج کر کے اسے آصف سابع کے ملاحظے اور احکام کے لئے پیش کیا۔ آصف سابع نے باب حکومت کی قرارداد منظور کرتے ہوئے حسب ذیل فرمان مورخہ ۱۶/ ستمبر ۱۹۳۷ء صادر کیا:

کونسل کی رائے کے مطابق مدرسہ مذکورہ میں اردو ریڈر شپ بنام (The Nizam's Readership in Urdu) قائم کرنے کے غرض سے ڈھائی سو پونڈ سالانہ ہماری گورنمنٹ کی طرف سے منظور کئے جائیں۔

***

مندر ہزار ستون اور قلعہ ورنگل کی بہتر نگہداشت:

حیدرآباد کا عطیہ

سابق ریاست حیدرآباد میں آصف جاہی حکمرانوں نے مذہبی رواداری اور فرقہ وارانہ ہم آہنگی کی صحت مند روایات کو کچھ اس طرح پروان چڑھایا تھا کہ سارے برصغیر میں اس ریاست کی ہندو مسلم رعایا کے میل جول اور بھائی چارہ کی مثال دی جاتی تھی۔

یہاں عیدین، تیوہار اور خوشی کے مواقع سب مل کر منایا کرتے تھے۔ مسلمانوں کی عیدوں کی تقاریب بڑے پیمانے پر ہندو امرا کی کوٹھیوں پر بھی اور ہندو تیوہاروں کی تقاریب مسلمان امرا کی دیوڑھیوں پر منعقد ہوا کرتی تھیں۔

یوں تو سب ہی آصف جاہی حکمران اپنی رعایا کو بے حد عزیز رکھتے تھے لیکن آصف سادس نواب میر محبوب علی خاں اپنے مشفقانہ رویہ، وسیع القلبی اور مذہبی رواداری کے باعث اس سلسلہ میں خصوصی امتیاز رکھتے تھے۔ رعایا میں ان کی مقبولیت کا اندازہ اس بات سے کیا جاسکتا ہے کہ رعایا انہیں ولی اور اوتار کا درجہ دیتی تھی۔

ان کی شخصیت اور ان کے ذاتی اوصاف نے اس دور کے ماحول اور حکومت کی مشنری کو متاثر کیا تھا۔ اس ہر دل عزیز والی ریاست کے اس کردار کو نمایاں کرنے والے متعدد واقعات قصہ کہانیوں کی شکل اختیار کر چکے ہیں۔ جن کی صدائے بازگشت اب تک بھی حیدرآباد کے کتنے ہی گھرانوں کے بزرگوں کے توسط سے سنی جاسکتی ہے لیکن۔۔۔

اس مختصر مضمون میں آندھرا پردیش اسٹیٹ آرکائیوز کی ایک مثل سے ایسا مواد پیش کیا جارہا ہے جس سے آصف سادس کے زیر تبصرہ کردار پر روشنی پڑتی ہے۔

یہ مواد کچھ اس طرح ہے کہ رزیڈنسی کی جانب سے ریاست حیدرآباد کے آثار قدیمہ اور تاریخی مقامات بالخصوص کاکتیہ دور کے آثار یعنی ہنمکنڈہ کے مندر ہزار ستون اور قلعہ ورنگل کی نگہداشت اور مرمت کے لئے حکومت ریاست حیدرآباد کی توجہ مبذول کروائی گئی تھی تو ریاست کے فرمان روانواب میر محبوب علی خاں نے بلا تامل حتی کہ کوئی استفسار کئے بغیر اس سلسلہ میں ضروری بندوبست کرنے کے احکام صادر کر دئے تھے۔

اس مثل کے تمام کاغذات کا بغور مطالعہ کرنے سے دو باتیں واضح طور پر سامنے آتی ہیں۔ پہلی بات یہ ہے کہ انگریزوں نے آثار قدیمہ کی نگہداشت اور حفاظت کا ہمیشہ خیال رکھا اور ایک مہذب قوم ہونے کا ثبوت دیا۔ دوسری بات یہ ہے کہ آصف سادس نے ضروری کاروائی کے لئے جہاں فرمان صادر کیا ریاست کے مدار المہام مہاراجہ سرکشن پرشاد کے پرائیوٹ سکریٹری فریدوں جی نے اس کارروائی میں دلچسپی لے کر بلا تاخیر کام کی تکمیل کے لئے متعلقہ عہدیداروں کو خصوصی ہدایات روانہ کیں جن پر عمل کرتے ہوئے ان عہدیداروں نے ضروری اقدامات کئے۔

حکومت ریاست حیدرآباد کی جانب سے مندر ہزار ستون کی بہتر نگہداشت کے لئے پانچ ہزار روپے منظور کئے گئے۔ اس سے اندازہ ہوتا ہے کہ عہدہ داروں کو اس سلسلہ میں اپنے حکمران کے مزاج، خیالات اور ان کی فکر مندی کا پورا پورا احساس تھا اور وہ ان کی مرضی اور منشا کے مطابق عمل کرنے کو بڑی اہمیت دیتے تھے۔

آرکائیوز کی مثل سے اس سلسلہ میں جو تفصیلات سامنے آئی ہیں وہ سلسلہ وار پیش

کی جارہی ہیں۔

رزیڈنسی سے میجر ڈبلیو ہیگ نے ایک مراسلہ مورخہ ۲۹/ سپٹمبر ۱۹۰۲ء فریدون جی، پرائیوٹ سکریٹری، مدارالمہام مہاراجہ سرکشن پرشاد کے نام تحریر کیا تھا اس مراسلہ کا خلاصہ ذیل میں درج کیا جارہا ہے۔

مسٹر ہورنے جو دکن میں گھومتے رہے ہیں اس علاقہ کے آثار قدیمہ اور تاریخی مقامات کا معائنہ کیا ہے۔ اس سلسلہ میں انہوں نے وائسرائے کے پرائیوٹ سکریٹری کے نام ایک مکتوب روانہ کیا ہے جس کے ذریعہ انہوں نے اس تاریخی ورثہ کی بہتر نگہداشت اور اسے محفوظ کروانے کی جانب توجہ مبذول کروائی ہے۔ انہوں نے خصوصیت کے ساتھ ہنمکنڈہ کے مندر ہزار ستون اور قلعہ ورنگل کا تذکرہ کیا ہے۔

ہنمکنڈہ کے مندر کے بارے میں انہوں نے لکھا ہے کہ جس جگہ یہ مندر واقع ہے اس جگہ سے مٹی کھود کھود کر لے جائی جارہی ہے۔ اور تعمیری کاموں میں اسے استعمال کیا جارہا ہے۔ اس طرح مٹی کھودنے کی وجہ سے مورتیوں کے ایک مجموعہ کی بنیاد متاثر ہوگئی ہے اور وہ قدرے جھک گئی ہیں تاہم وہ ابھی تک ایک مجموعہ کی شکل میں موجود ہے۔

مسٹر ہورنے لکھا ہے کہ فوری اور مناسب توجہ اس کو محفوظ رکھ سکتی ہے۔ انہوں نے یہ بھی لکھا ہے کہ مورتیوں کا سب سے عمدہ مجموعہ بہتر حالت میں ہے لیکن کمتر درجہ کا مجموعہ بھی محفوظ رکھے جانے کے قابل ہے۔ ان کا خیال ہے کہ اس مقام کو صاف ستھرا رکھا جانا چاہئے۔ اور اس کی احاطہ بندی کی جانی چاہئے۔

قلعہ ورنگل کے تعلق سے مسٹر ہور لکھتے ہیں کہ کوئی شوقین یا مہم پسند شخص تراشیدہ پتھر کے ٹکڑوں کو جو بکھرے پڑے ہیں متعدد بنڈیوں میں بھر کر آسانی سے لے جاسکتا ہے۔ انہوں نے اپنے اس مکتوب میں تجویز کیا کہ قلعہ کے اندر کے مکانات کو منہدم کر

دیا جائے اور پتھروں کو اکٹھا کر کے ان کی اصل جگہ پر رکھ دیا جائے۔

رزیڈنسی سے میجر ہیگ کے مراسلہ کی وصولی پر مدار المہام مہاراجہ سر کشن پرشاد نے ایک عرضداشت میجر ہیگ کے مراسلہ کی نقل کے ساتھ آصف سادس کی خدمت میں پیش کی۔ مہاراجہ اس عرضداشت مورخہ ۶ / اکٹوبر ۱۹۰۲ء میں لکھتے ہیں:

"خانہ زاد کو بھی اس امر سے اتفاق ہے کہ ممالک محروسہ سرکار عالی میں جو آثار قدیمہ اور تاریخی مقامات ہیں ان کی بطور وافی نگہداشت اور حفاظت کی جائے اور ایسے قدیم نادرۂ روزگار یادگاروں کو جن کے دیکھنے کے لئے دور دراز ملکوں سے سیاح لوگ آتے ہیں، ایسی مبتذل اور خراب حالت میں نہ رکھا جائے۔ انگریزی علاقہ جات میں جہاں ایسی آثار قدیمہ اور تاریخی مقامات ہیں گورنمنٹ آف انڈیا انہیں بصرف کثیر محفوظ حالت میں رکھتی ہے۔ اگر ہمارے یہاں کے آثار قدیمہ اور تاریخی مقامات کی حفاظت اور نگہداشت کے لئے حکم قضا شیم نافذ ہو تو اس کے لئے ضروری بندوبست کیا جائے گا۔"

مہاراجہ نے مندرجہ بالا عرضداشت میں جس رائے کا اظہار کیا تھا آصف سابع نے اس سے اتفاق کرتے ہوئے حسب ذیل فرمان مورخہ ۱۶ / رجب ۱۳۲۰ھ م ۸ / اکتوبر ۱۹۰۲ء جاری کیا۔

"آپ کی رائے مورخہ ۱۴ / رجب المرجب ۱۳۲۰ھ سے مجھے پورا اتفاق ہے کہ ہمارے ممالک محروسہ کے آثار قدیمہ اور تاریخی مقامات کی بطور وافی نگہداشت و حفاظت کرنی ضروری ہے لہٰذا اس کے لئے ضروری بندوبست کیا جائے۔"

اس فرمان کے صادر ہونے پر فریدوں جی (پرائیویٹ سکریٹری مدار المہام مہاراجہ کشن پرشاد) نے ایک مراسلہ مورخہ ۲۵ / اکٹوبر ۱۹۰۲ء کے ذریعہ میجر ہیگ کو اطلاع دی

کہ ہنمکنڈہ میں واقع مندر ہزار ستون اور قلعہ ورنگل کی حالت کے بارے میں انہوں نے جو مراسلہ روانہ کیا تھا اسے آصف سادس کے ملاحظہ کے لئے پیش کیا گیا تھا جس پر آصف سادس کے احکام وصول ہو چکے ہیں۔

آصف سادس نے مندر اور قلعہ کے بارے میں ضروری انتظامات کرنے کی ہدایات دی ہیں۔ چناں چہ وہ حسب ہدایت ایک مراسلہ محکمہ تعمیرات کے نام روانہ کر رہے ہیں۔ انہیں توقع ہے کہ جلد ہی اس کی تعمیل ہو گی۔ فریدوں جی نے اسی دن ایک مراسلہ معتمد تعمیرات کے نام تحریر کر دیا۔ انہوں نے اس مراسلہ کے ساتھ میجر ہیگ کے مراسلہ، مہاراجہ سرکشن پرشاد کی عرضداشت اور آصف سادس کے فرمان کی نقلیں بھی منسلک کر دیں۔ فریدوں جی نے معتمد تعمیرات سے درخواست کی کہ اس سلسلے میں ضروری اقدامات سے انہیں مطلع کیا جائے۔

فریدوں جی نے اپنے اس مراسلہ میں یہ بات بھی واضح کر دی کہ صرف ضلع انجینئر کے نام احکام جاری کرنے پر اکتفا نہیں کرنا چاہئے کیونکہ اس بات کا کیا یقین ہے کہ فی الواقعی کام ہو رہا ہے۔ اس قسم کی مثالیں ایک سے زیادہ بار سامنے آچکی ہیں۔ اس لئے وہ خاص طور پر درخواست کرتے ہیں کہ اس سلسلے میں نہ صرف تفصیلی احکام جاری کئے جائیں بلکہ وہ خود (معتمد تعمیرات) ذاتی طور پر اس بات کا اطمینان کرلیں کہ کام کا آغاز جلد ہو اور کام توجہ اور احتیاط سے کیا جائے۔

فریدوں جی کے متذکرہ بالا مراسلہ کے جواب میں معتمد تعمیرات نے اپنے مراسلہ مورخہ ۲/نومبر ۱۹۰۲ء کے ذریعہ یہ اطلاع دی کہ آثار قدیمہ اور تاریخی مقامات کی نگہداشت کے لئے عمومی نوعیت کی ایک تجویز زیر غور ہے۔ اس کے بعد جب تقریباً تین ماہ کی مدت گزر گئی اور محکمہ تعمیرات کی جانب سے اس کاروائی کے سلسلے میں فریدوں جی کو

کوئی اطلاع نہیں ملی تو انہوں نے اس بارے میں ۳۱, جنوری کو ۱۹۰۳ء کو ایک اور مراسلہ تعمیرات کے نام روانہ کیا جس میں انہوں نے تحریر کیا کہ انہیں کوئی اطلاع نہیں دی گئی ہے کہ مجوزہ اسکیم کس مرحلہ تک پہنچی ہے اور آیا ہنمکنڈہ کے مندر اور قلعہ ورنگل کی نگہداشت کے لئے کوئی عملی اقدامات کئے گئے ہیں یا نہیں۔

اگر اس سلسلے میں ضروری احکام جاری کیے جا چکے ہیں تو آیا ان پر موثر عمل آوری ہوئی ہے؟

اس سلسلہ میں اطلاع دی جائے تا کہ رزیڈنٹ کو مطلع کیا جا سکے۔

اس کے جواب میں معتمد تعمیرات نے اپنے مراسلہ ۲۶ / فروری ۱۹۰۳ء کے ذریعہ فریدوں جی کو اطلاع دی کہ آثار قدیمہ اور تاریخی مقامات کی نگہداشت کے سلسلہ میں چند تجاویز معین المہام تعمیرات کی خدمت میں پیش کی گئی ہیں اور اس بارے میں قطعی احکام کی منظوری پر انہیں اطلاع دی جائے گی۔ مندر ہزار ستون اور قلعہ ورنگل کے بارے میں سپرنٹنڈنگ انجینئر سے خواہش کی گئی ہے کہ وہ تخمینہ تیار کر کے پیش کریں۔ معتمد تعمیرات کے ایک اور مراسلہ مورخہ یکم اپریل ۱۹۰۳ء کے ذریعہ سپرنٹنڈنگ انجینئر کو یہ اطلاع دی گئی کہ آصف سابع نے ریاست کے تمام آثار قدیمہ اور تاریخی مقامات کی نگہداشت کے لئے بہتر انتظامات کرنے کے احکام صادر کر دئے ہیں۔

اس مراسلہ میں دیگر تمام مقامات کے بارے میں ہدایات دیتے ہوئے لکھا گیا کہ مندر ہزار ستون اور قلعہ ورنگل بڑی اہمیت کے حامل ہیں اس لئے اس جانب فوری توجہ دی جائے۔ اس مراسلہ کی ایک نقل فریدوں جی کو بھیجی گئی۔ فریدوں جی نے ایک مراسلہ کے ذریعہ میجر بیگ کو اطلاع دی کہ معتمد تعمیرات نے سپرنٹنڈنگ انجینئر کو آصف سابع کے احکام پہنچا دئے ہیں۔

فریدوں جی نے اس کارروائی کے سلسلے میں کیسن واکر، معتمد فینانس سے بھی گفتگو کی تھی۔ اسی گفتگو کے حوالہ سے انہوں نے اس کاروائی کی مثل بغرض مطالعہ کیسن واکر کے پاس روانہ کی۔ جس کے جواب میں معتمدی فینانس کی جانب سے فریدوں جی کو بذریعہ مراسلہ مورخہ ۲۸ / اگست ۱۹۰۳ء یہ اطلاع دی گئی کہ حکومت نے آنے والے فصلی سال میں ہنمکنڈہ مندر کے لئے پانچ ہزار روپے منظور کئے ہیں۔

اس مثل میں مندرج حقائق سے یہ اندازہ نہیں ہوتا کہ سابق ریاست حیدرآباد کے اس حکمران نے انگریزوں کے دباؤ میں آکر کام کیا ہو بلکہ یہ بات واضح ہوتی ہے کہ مندر ہزار ستون اور قلعہ ورنگل کی بہتر نگہداشت اور صیانت کے تعلق سے توجہ دہانی کیوں کہ معقول تھی اس لئے اس پر فوری قدامات کئے گئے۔ اس میں یقیناً والی ریاست کی وسیع النظری، کشادہ قلبی اور ان کے سیکولر رویہ کو بھی دخل تھا۔ سابق ریاست اس کے حکمران اور عہدیداروں کی یہ عالی قدر روایات خطہ دکن کی اگلی نسلوں کو عظیم ورثہ کے طور پر ملی ہیں جس پر جتنا بھی فخر کیا جائے کم ہے۔

***

مہابھارت کی اشاعت کے لئے سابق ریاست حیدرآباد کی امداد

آصف جاہی خاندان کے آخری حکمران نواب میر عثمان علی خاں کے دور کی علمی و ادبی سرپرستی اور مذہبی رواداری مشہور ہے۔ علوم و فنون کی قدردانی میں اس دور کی حکومت اور حکمراں نے بڑی فیاضی کا مظاہرہ کیا۔

اس کے بارے میں یہ غلط فہمی دل و دماغ سے نکال دی جانی چاہئے کہ ان خصوصیات کا تذکرہ روایتی تعریف و تحسین کے انداز میں کیا جاتا ہے، یا ان باتوں کے اظہار میں مروت یا کوئی جذباتی وابستگی غالب رہتی ہے۔ اس دور کی یہ رواداری، فراخ دلی اور وسیع النظری، تاریخ کے صفحات کی انمٹ تحریروں میں تبدیل ہو چکی ہے۔

اسٹیٹ آرکائیوز کے ناقابل تردید اور شک وشبہ کی کسی بھی گنجائش سے بالاتر ریکارڈ سے ان حقائق کا ثبوت ملتا ہے۔ صرف یہی ظاہر نہیں ہوتا کہ علوم وفنون کی سرپرستی اور قدردانی میں کوئی امتیاز نہیں برتا جاتا تھا بلکہ اس سلسلہ میں اندازِ فکر صحت مند اور طرز عمل نہایت مہذبانہ اور لب ولہجہ شائستہ ہوا کرتا تھا۔ ریاست ہی کے نہیں بیرون ریاست کے افراد اور ادارہ جات کی امداد میں جن میں تحقیقی ادارے بھی شامل تھے اور جامعات بھی شامل تھیں جس طرح آصف سابع نے فیاضی دکھائی اس کی تفصیلات بیان کرنے کے لئے کتنے ہی مضامین لکھے جاسکتے ہیں۔ زیر نظر مضمون میں صرف سابق ریاست بمبئی کے

شہر پونا کے ایک تحقیقی ادارہ اور ہندوستان کے اکثریتی فرقہ کی دو سب سے بڑی اور مقبول ترین کتابوں رامائن اور مہابھارت میں سے ایک کتاب "مہا بھارت" کے لئے امداد کی کارروائی کا احاطہ کیا گیا ہے۔

پونا بھنڈارکر اورینٹل ریسرچ انسٹی ٹیوٹ سنسکرت زبان وادب اور قدیم ہندوستانی ثقافت کے تحقیقی کاموں کے لئے مختص رہا ہے۔ اس انسٹی ٹیوٹ نے مہابھارت کی اشاعت اور انسٹی ٹیوٹ میں طلبہ کے قیام کے لئے ایک گیسٹ ہاؤس کی تعمیر کے لیے مالی امداد جاری کرنے کی درخواست کی تھی، جس پر آصف سابع نے مہابھارت کی اشاعت کے لئے سالانہ ایک ہزار روپیہ دس سال کی مدت کے لئے اور گیسٹ ہاؤس کی تعمیر کے لئے پچیس ہزار روپے کی امداد کے لئے فرمان صادر کیا۔ گیسٹ ہاؤس کی تعمیر نامکمل رہنے پر تعمیر کو مکمل کرنے اور اس کے فرنیچر کے لئے مزید مالی امداد کی درخواست کی گئی۔ جسے آصف سابع نے منظوری دے دی۔

مہابھارت کی امداد کے دس سال کی مدت ختم ہونے پر اس کے لئے بھی مزید امداد جاری رکھنے کے لئے درخواست روانہ کی گئی۔ آصف سابع نے اس درخواست پر بھی مزید ایک سال کے لئے امداد کی منظوری عطا کی۔ آندھرا پردیش اسٹیٹ آرکائیوز کے ذخائر میں محفوظ ریکارڈ سے استفادہ کرتے ہوئے اس کارروائی کی تفصیلات ذیل میں درج کی جا رہی ہیں۔

پونا کے بھنڈارکر اورینٹیل ریسرچ انسٹی ٹیوٹ کی جانب سے اس کے سکریٹری نے حکومت ریاست حیدرآباد سے سالانہ امداد کے حصول کے لئے ایک درخواست روانہ کی تھی۔ اس درخواست پر ابھی کاروائی جاری تھی کہ اسی سلسلہ میں انسٹی ٹیوٹ کی جانب سے ایک اور درخواست بھیجی گئی کہ وسط اگست ۱۹۲۲ء میں وائسرائے اور کاؤنٹس آف

ولنگڈن اس ادارہ کے ملاحظہ کے لئے آنے والے ہیں اور اس موقع پر دیگر امور کے علاوہ جدید سرپرستوں کا انتخاب اور عطیات کا اعلان کیا جائے گا اس لئے اس انسٹی ٹیوٹ کے مختلف کاموں کے لئے ریاست حیدرآباد کی جانب سے سالانہ امداد منظور کی جائے۔

ان درخواستوں پر ناظم تعلیمات نے اس رائے کا اظہار کیا کہ اگر آصف سابع مناسب خیال فرمائیں تو ریاست حیدرآباد کی جانب سے اسی طرح کوئی مناسب امداد منظور کی جاسکتی ہے، جس طرح ریاست میسور کی جانب سے کی گئی ہے۔

ریاست میسور کی جانب سے پانچ سو روپیہ سالانہ کی امداد منظور کی گئی ہے۔ سررشتہ تعلیمات کے موازنہ میں گنجائش نہیں ہے۔ اگر آصف سابع امداد عطا کرنا مناسب خیال فرمائیں تو امداد زائد از موازنہ منظور فرمائی جائے۔ ناظم تعلیمات نے معتمد تعلیمات کی رائے سے اتفاق کیا۔

صدرالمہام فینانس (سر اکبر حیدری) نے رائے دی کہ دنیا کی ایک معرکۃ الآراء تصنیف "مہابھارت" جو ہندوستانی نقطہ نظر سے ہر آئینہ ایک قومی کتاب ہے، اس کی اشاعت کی سرپرستی کی تحریک پر نہایت ہمدردانہ طور پر غور کرنا مناسب ہو گا۔ انہوں نے لکھا کہ حال ہی میں ارباب انسٹی ٹیوٹ نے ان سے مل کر حسب ذیل امور کی شدید ضرورت ظاہر کی تھی:

(۱) انسٹی ٹیوٹ میں حصول تعلیم کے لئے جو طلبا آتے ہیں ان کے لئے ایک گیسٹ ہاؤس کی تعمیر۔

(۲) مہابھارت کی اشاعت

(۳) انسٹی ٹیوٹ میں ایرانی وسٹمک کی تعلیم کے لئے سہولتیں بہم پہنچانا۔

پہلے دو امور کی تائید کرتے ہوئے سر اکبر حیدری نے لکھا کہ گیسٹ ہاؤس کی تعمیر

کے لئے پچیس ہزار روپیہ کی یکمشت امداد اس شرط پر دی جائے کہ یہ عمارت آصف سابع کے نام سے موسوم کی جائے اور معرکتہ الآراء قومی کتاب مہابھارت کی اشاعت کے لئے دس سال تک سالانہ دو ہزار پانچ سو روپیہ کی امداد کی جائے۔

جب یہ کاروائی باب حکومت کے اجلاس منعقدہ ۸ / اگست ۱۹۳۲ء میں پیش ہوئی تو بہ اختلاف رائے صدر المہام مال یہ قرار داد منظور ہوئی:

بھنڈار کر انسٹی ٹیوٹ میں ایک گیسٹ ہاؤس کی تعمیر کے لئے جو بندگان اعلی حضرت کے اسم ہمایونی سے موسوم ہو گا پچیس ہزار روپے کلدار سرکار عالی کی جانب سے دئے جائیں اور مہابھارت کی اشاعت کے لیے ایک ہزار روپیہ کلدار سالانہ دس سال تک دئے جائیں۔ صدر المہام مال (لفٹننٹ کرنل ٹرنچ) کو اس سے اس وجہ سے اختلاف ہے کہ آج کل کے اقتصادی حالات اور مالی مشکلات کے مد نظر سرکار عالی کو یہ عطیہ نہیں دینا چاہیے۔"

صدر المہام مہاراجہ کشن پرشاد نے انسٹی ٹیوٹ کے سکریٹری کی درخواست کا خلاصہ، درخواست پر ناظم تعلیمات، معتمد تعلیمات اور صدر الملام فینانس کی سفارشات اور کونسل کی قرار داد، ایک عرضداشت مورخہ ۲۴ / ربیع الثانی ۱۳۵۱ھ م ۲۷ / اگست ۱۹۳۲ء میں درج کرتے ہوئے آصف سابع کے ملاحظہ کے لئے اور احکام کے لئے پیش کی۔

آصف سابع نے کونسل کی رائے سے اتفاق کیا اور گیسٹ ہاؤس کی تعمیر اور مہا بھارت کی اشاعت کے لئے امداد منظور کی۔ اس سلسلہ میں آصف سابع کا جو فرمان مورخہ ۴ / جمادی الاول ۱۳۵۱ھ م ۶ / سپٹمبر ۱۹۳۲ء صادر ہوا تھا اس کا متن ذیل میں درج کیا جاتا ہے۔

"کونسل کی رائے مناسب ہے، حسبہ مذکور انسٹی ٹیوٹ میں ایک گیسٹ ہاؤز تعمیر کرنے کے لئے جو میرے نام سے موسوم ہوگا (یعنی نظام گیسٹ ہاؤز) پچیس ہزار روپیہ کلدار یکمشت دئے جائیں اور مہابھارت کی اشاعت کے لئے دس سال تک ایک ہزار روپیہ کلدار سالانہ امداد دی جائے۔"

آصف سابع کے فرمان کی تعمیل کی گئی جس پر بھنڈارکر اورینٹل ریسرچ انسٹی ٹیوٹ کے اعزازی سکریٹری نے ایک مراسلہ کے ذریعہ اطلاع دی کہ آصف سابع کی جانب سے جو فیاضانہ امداد دی گئی ہے اس کے لئے ادارہ کی ریگولیٹنگ کونسل بارگاہ خسروی میں شکرو نیاز عرض کرتی ہے۔ نیز ریگولیٹنگ کونسل نے بالاتفاق طے کیا ہے کہ اس فیاضانہ عطیہ کے مدنظر ہز اگزالٹیڈ ہائی نس میر عثمان علی خاں بہادر کو بھنڈارکر ریسرچ انسٹی ٹیوٹ کا سرپرست منتخب کیا جائے۔ اس درخواست پر کونسل نے اپنے اجلاس میں یہ رائے ظاہر کی کہ انسٹی ٹیوٹ کی استدعا لائق پذیرائی ہے۔

کونسل کی سفارش منظور کرتے ہوئے آصف سابع نے انسٹی ٹیوٹ کی سرپرستی قبول کی اور فرمان مورخہ ۵ / ربیع الاول ۱۳۵۲ھ م ۲۹ / جون ۱۹۳۳ء کے ذریعہ یہ حکم صادر ہوا۔

"کونسل کی رائے کے مطابق مذکورہ استدعا منظور کی جائے۔"

سرپرستی قبول کیے جانے کی اطلاع ملنے پر انسٹی ٹیوٹ کے آنریری سکریٹری نے اپنے ایک مراسلہ کے ذریعہ شکریہ ادا کرتے ہوئے لکھا کہ نظام گیسٹ ہاؤس جو سرکار عالی کی فیاضانہ امداد سے تیار ہو رہا ہے اس کی تعمیر قریب الختم ہے۔ وائسرائے ہند عنقریب پونا آنے والے ہیں انہیں اس موقع پر بھنڈارکر ریسرچ انسٹی ٹیوٹ کا معائنہ کرنے کے لئے مدعو کیا گیا ہے۔ اور وائسرائے نے دعوت قبول کرلی ہے۔ چوں کہ وائسرائے نئے

تعمیر ہونے والے نظام گیسٹ ہاؤس کا بھی معائنہ کریں گے۔ اس لئے اس موقع پر بہ حیثیت معطی گیسٹ ہاؤس سرپرست ادارہ آصف سابع کی جانب سے وائسرائے کی آمد کا موزوں الفاظ میں خیر مقدم کیا جائے تو نہایت مناسب ہو گا۔

اس کے علاوہ گیسٹ ہاؤس کی تعمیر کے لئے مزید امداد منظور کرنے کی بھی درخواست کی گئی۔ اس بارے میں سکریٹری نے لکھا کہ نظام گیسٹ ہاؤس کی تعمیر کے لئے سابق میں تخمینہ تیار کیا گیا تھا اس سے تین ہزار روپیہ کا زائد خرچ اس وجہ سے ہوا ہے کہ یورپی ممالک کے مہمانوں کے قیام میں سہولت کی غرض سے بعض زائد انتظامات کو ضروری خیال کیا گیا نیز اصل تخمینہ میں فرنیچر کے لئے گنجائش نہیں رکھی گئی تھی جس کے لئے مزید تین ہزار روپیہ درکار ہیں۔ اس طرح نظام گیسٹ ہاؤس کے لئے جملہ چھ ہزار روپیہ کی امداد عنایت کی جائے۔

صدر اعظم مہاراجہ سر کشن پرشاد نے اس کاروائی کی تفصیلات اور انسٹی ٹیوٹ کے سکریٹری کی درخواست کا خلاصہ ایک عرضداشت مورخہ ۲۲/ جولائی ۱۹۳۳ء کے ذریعہ آصف سابع کی خدمت میں پیش کیا مگر آصف سابع نے اس مرتبہ مزید امداد دینے اور پیام روانہ کرنے کی استدعا منظور نہیں کی۔ عرضداشت پیش ہونے کے دوسرے ہی روز معتمد پیشی نے معتمد باب حکومت کو ایک مراسلہ کے ذریعہ آصف سابع کے حسب ذیل احکام کی اطلاع دی۔

"دونوں امورات سے ہم کو تعلق نہیں ہے۔ جو کچھ ہم کو کرنا تھا وہ کر چکے۔ خاموشی مناسب ہے۔"

گیسٹ ہاؤس کی تعمیر کے لئے مزید امداد کی منظوری نہ ملنے پر اور حکومت ریاست حیدرآباد کی خاموشی اختیار کر لینے پر بھی بھنڈارکر انسٹی ٹیوٹ کے ارباب اقتدار خاموش

نہیں بیٹھے۔

چند ماہ بعد انسٹی ٹیوٹ کے آنزیری سکریٹری نے ایک درخواست مورخہ ۱۴/ فروری ۱۹۳۴ء روانہ کی جس میں استدعا کی گئی کہ نظام گیسٹ ہاؤس کی بقیہ تعمیر کے لئے ڈھائی ہزار اور اس کے فرنیچر کے لئے پانچ ہزار یعنی ساڑھے سات ہزار روپے عطا کئے جائیں۔ اگر یہ امداد منظور نہ کی گئی تو عمارت نامکمل رہ جائے گی۔ انسٹی ٹیوٹ خود اس سلسلہ میں کچھ کرنے کے قابل نہیں ہے کیونکہ وہ اس وقت پینتیس ہزار روپے کا مقروض ہے۔

اس درخواست پر معتمد تعلیمات نے رائے دی کہ اب کوئی رقمی امداد نہیں دی جا سکتی۔ محکمہ فینانس نے لکھا کہ اسے تکمیل عمارت کی بابت ڈھائی ہزار روپے منظور کئے جانے سے اختلاف نہیں ہے مگر باب حکومت نے مزید ساڑھے سات ہزار روپے کی یکمشت امداد دینے کی سفارش کی۔ صدر اعظم نے اس کارروائی کو ایک عرضداشت مورخہ ۱۱/ سپٹمبر ۱۹۳۴ء کے ذریعہ آصف سابع کے ملاحظہ کے لئے پیش کیا۔ اس بار آصف سابع نے مزید امداد کی منظوری دے دی۔ اس سلسلہ میں آصف سابع کا حسب ذیل فرمان مورخہ ۲۳/ سپٹمبر ۱۹۳۴ء صادر ہوا تھا۔

"کونسل کی رائے کے مطابق مذکور انسٹی ٹیوٹ کو مزید ساڑھے سات ہزار روپیہ کلدار یکمشت دیے جائیں لیکن انسٹی ٹیوٹ کے سکریٹری کو اطلاع دی جائے کہ اس کے بعد کوئی مزید امداد نہ دی جائے گی۔"

جیسا کہ اوپر بیان کیا جا چکا ہے کہ مہابھارت کی اشاعت کے لئے دس سال تک ایک ہزار روپے کلدار سالانہ امداد کی منظوری بذریعہ فرمان مورخہ ۴/ جمادی الاول ۱۳۵۱ھ عمل میں آئی تھی۔ بہ تعمیل فرمان اسی وقت احکام کی اجرائی بھی عمل میں آئی تھی جب یہ

دس سالہ مدت ختم ہونے کو تھی تو انسٹی ٹیوٹ کے سکریٹری نے اس کام کی رپورٹ پیش کرتے ہوئے استدعا کی کہ منظورہ امداد کی مدت قریب الختم ہے۔ لہٰذا ادارہ کی ترقی کے مد نظر منظورہ سالانہ امداد میں مزید دس سال کی توسیع منظور فرمائی جائے۔

اس درخواست پر محکمہ فینانس نے رائے دی کہ موجودہ حالات کے مد نظر فینانس کے لئے اس رقم کا زائد از موزانہ نہ فراہم کرنا دشوار ہے۔ اس لئے مناسب ہو گا کہ جو رقم بھی باب حکومت سے منظور کی جائے اس کی ادائی محکمہ تعلیمات یا عثمانیہ یونیورسٹی کے بجٹ سے ہو۔

مجلس اعلیٰ جامعہ عثمانیہ اور صدر المہام تعلیمات نے پانچ سو روپیہ سالانہ کلدار کی امداد دینے سے اتفاق کیا، لیکن کونسل نے سفارش کی کہ جامعہ عثمانیہ کی بچت سے پانچ سو روپیہ کلدار کی امداد سر دست ایک سال کے لئے عطا کی جائے۔ جب صدر اعظم نے تمام کارروائی کی تفصیلات ایک عرضداشت مورخہ ۲۷/جون ۱۹۴۲ء کے ذریعہ آصف سابع کے ملاحظہ اور احکام کے لئے پیش کیں تو انہوں نے مزید امداد کی بھی منظوری دے دی۔ اس بارے میں حسب ذیل فرمان مورخہ ۲۵/رجب ۱۳۶۱ھ م ۱۹/اگست ۱۹۴۲ء جاری ہوا تھا۔

"کونسل کی رائے کے مطابق مذکور انسٹی ٹیوٹ کو مہابھارت کی اشاعت کی غرض سے گنجائش محولہ سے مزید ایک سال تک پانچ سو روپیہ کلدار سالانہ امداد دی جائے اس کے بعد یہ جاری نہیں رہ سکتی۔"

مہابھارت کی اشاعت کے لئے ساڑھے دس ہزار روپے کلدار کی رقم گیارہ سال کی مدت یعنی ۱۹۳۲ء تا ۱۹۴۲ء کے دوران جاری کی گئی تھی۔ یہ رقم اگر آج ادا کی جائے تو آج کی قدرِ زر value of Money کے پیش نظر یقیناً حقیر کہلائے گی لیکن اس دور کے ہزار

روپیہ آج کے پچاس ہزار روپیہ تا ایک لاکھ سے کم نہ تھے۔ اس طرح صرف ایک کتاب کی اشاعت کے لئے آج کی قدر زر کے حساب سے لاکھوں روپیہ کی امداد آج کے جمہوری دور کی علم دوستی اور علم و ادب کی سرپرستی کے پیمانوں سے بھی غیر معمولی اور فیاضانہ تسلیم کی جائے گی اور اس فیاضی کی مثال ملک کے کسی دوسرے حصہ میں مشکل ہی سے ملے گی۔

گیسٹ ہاؤز کی تعمیر کے لئے پچیس ہزار روپیہ ۱۹۳۲ء میں اور مزید ساڑھے سات ہزار روپیہ ۱۹۳۴ء میں ادا کئے گئے تھے۔ یہ دوسری عالم گیر جنگ سے پہلے کا دور ہے۔ جہاں تک گیسٹ ہاؤس کی تعمیر کے لئے ساڑھے بتیس ہزار روپیہ کی امداد کا تعلق ہے اس کی اہمیت اور قدر و قیمت کا اندازہ لگانے کے لئے صرف اتنا اشارہ کافی ہو گا کہ حالیہ تین چار دہوں کی مدت میں زمین اور جائیداد کی قدر و قیمت میں ۱۰۰ گنا بلکہ اس سے بھی زیادہ اضافہ کی مثالیں ہمارے سامنے موجود ہیں۔

***

حیدرآباد میں گوکھلے میموریل اسکالرشپ کا قیام:
سابق ریاست حیدرآباد کا عطیہ

گوپال کرشن گوکھلے انیسویں صدی کے آخر اور بیسویں صدی کے اوائل میں ہندوستان کے قومی افق پر ابھرنے والی شخصیتوں میں منفرد مقام رکھتے ہیں۔ نہایت کم عمری میں ترقی اور شہرت کی بلندیوں کو چھونے والی گوکھلے جیسی بہت کم شخصیتیں ہماری قومی تاریخ میں دیکھی گئی ہیں۔ گوکھلے ۱۸۸۹ء میں کانگریس میں شریک ہوئے اور ۱۹۰۵ء میں جب کہ وہ صدر کل ہند کانگریس منتخب ہوئے اس وقت انہیں کانگریس کے سب سے کم عمر صدر ہونے کا اعزاز حاصل ہوا تھا۔

گوکھلے اس زمانے میں ملک کے ایک ممتاز سیاست داں اور ایک بہترین پالیمنٹرین ہی نہیں بلکہ ماہر تعلیم بھی تھے وہ چاہتے تھے کہ ملک میں تعلیم کو خصوصی اہمیت دی جائے اور علم کی روشنی کے ذریعہ ہندوستانی عوام کے سماجی اور سیاسی شعور کو بیدار کیا جائے۔ اس اہم شخصیت کی پچاس سال کی عمر میں موت کے بعد بمبئی میں ان کی ایک یادگار قائم کرنے کا فیصلہ کیا گیا تھا۔ اس یادگار کے قیام کے لئے آصف سابع نواب میر عثمان علی خان سے بھی مالی اعانت حاصل کرنا طے پایا تھا۔ اس بارے میں ساری کارروائی آندھر اپردیش اسٹیٹ آرکائیوز کے ریکارڈز کے ذخائر میں محفوظ ہے۔ اس کارروائی کا جائزہ لینے سے یہ بات واضح طور پر سامنے آتی ہے کہ سابق ریاست حیدرآباد نے مالی امداد اور اعانت کے

معاملات میں فیاضی ہی نہیں دکھائی بلکہ مذہبی عصبیت اور کسی ذہنی تحفظ کے بغیر اعلیٰ ترین صلاحیتوں کی قدر اور عزت کی۔ یہ کارروائی اس ریاست کے حکمران اور سارے نظم ونسق کے صاف ذہن، جذبہ اور رواداری اور روشن خیالی کا مستند ثبوت ہے اس اجمال کی تفصیل کچھ اس طرح ہے۔

گوکھلے میموریل فنڈ کی جانب سے جہانگیر بہمن جی کا جو خط آصف سابع کو بذریعہ ڈاک وصول ہوا تھا اسے معہ منسلکات واپس کرتے ہوئے آصف سابع نے اپنے حکم نامہ مورخہ ۵/رجب ۱۳۳۳ھ، مطابق ۳۰/مئی ۱۹۱۵ء میں تحریر کیا کہ اس بارے میں فریدوں جنگ بہادر کی رائے عرض کی جائے۔ اس حکم کی تعمیل میں فریدوں جنگ نے ایک عرضداشت مورخہ یکم جون ۱۹۱۵ء آصف سابع کی خدمت میں پیش کی جس میں انہوں نے لکھا کہ جہانگیر بہمن جی کے مکتوب اور اس کے منسلکات کے مطالعہ سے ظاہر ہوتا ہے کہ مسٹر گوکھلے کے میموریل کے لئے آصف سابع سے مالی امداد دینے کی درخواست کی گئی ہے۔ اس سلسلہ میں فریدوں جنگ نے اپنی رائے کا اظہار کرتے ہوئے لکھا کہ اگر اس بارے میں معین المہام (صدرالمہام) فینانس کی بھی رائے لی جائے تو مناسب ہوگا اور اگر آصف سابع کا ارشاد ہو تو وہ معین المہام فینانس کی رائے طلب کر کے اس کے ساتھ اپنی بھی رائے عرض کریں گے۔ عرضداشت میں درج کردہ فریدوں جنگ کی رائے کے بارے میں آصف سابع نے اسی تاریخ کے اپنے حکم نامہ میں تحریر کیا:

"اس بارے میں مسٹر گلانسی کی بھی رائے لی جائے۔"

فریدوں جنگ نے مسٹر گلانسی کی رائے وصول ہونے پر ایک عرضداشت مورخہ ۱۷/جون ۱۹۱۵ء میں گلانسی کی رائے کے ساتھ اپنی رائے درج کرتے ہوئے اسے آصف سابع کے ملاحظہ کے لئے روانہ کیا۔ اس عرضداشت میں فریدوں جنگ نے لکھا کہ مسٹر

گلانسی نے رائے دی ہے کہ بیرون ریاست کسی ادارہ کے لئے چندہ بھیجنے کی بجائے خود اندرون ریاست، حیدرآبادیوں کے لئے مقامی طور پر گوکھلے میموریل اسکالرشپ کے نام سے ایک وظیفہ تعلیمی قائم کرنا بہتر ہو گا۔ اس وظیفہ کی شرائط اسکالرشپ کمیٹی طے کرے گی اور ان شرائط کی نسبت آصف سابع کی منظوری حاصل کی جائے گی۔

فریدوں جنگ نے عرضداشت میں مسٹر گلانسی کی رائے درج کرنے کے بعد لکھا:

"انہیں مسٹر گلانسی کی رائے سے کامل اتفاق ہے اس سے بمصداق بیک کرشمہ دوکاز مسٹر گوکھلے کی یادگار بھی قائم ہو جائے گی اور اس سے ہمارے ہی ملک کے نوجوان مستفید ہوں گے۔"

فریدوں جنگ نے مسٹر گلانسی کی رائے خود اپنی رائے کے ساتھ درج کرتے ہوئے لکھا کہ اگر آصف سابع ان آراء کو منظوری عطا فرماتے ہیں تو وہ وظیفہ سے متعلق شرائط بغرض منظوری پیش کرنے کے لئے سررشتہ فینانس کو لکھیں گے اور جہانگیر بہمن جی کو اطلاع دی جائے گی کہ باہر کی کسی یادگار میں چندہ دینے کے عوض آصف سابع نے خاص طور پر حیدرآباد ہی میں گوکھلے میموریل اسکالرشپ قائم کرنے کو پسند فرمایا ہے لہٰذا افسوس ہے کہ ان کی استدعا کے بموجب چندہ بھیجنا ممکن نہیں ہے۔

آصف سابع نے عرضداشت میں پیش کردہ متفقہ رائے کو منظوری عطا کی۔
عرضداشت پیش ہونے کے دوسرے ہی روز حسب ذیل فرمان صادر ہوا۔

"سر فریدوں جنگ بہادر اور مسٹر گلانسی کی متفقہ رائے مناسب ہے کہ باہر کی کسی یادگار میں چندہ دینے کے عوض خاص طور پر حیدرآباد میں ہی گوکھلے میموریل اسکالرشپ کے نام سے ایک وظیفہ تعلیمی قائم کرنا بہتر ہو گا۔ اس کی اطلاع مسٹر جہانگیر بہمن جی کو دے کر لکھا جائے کہ مذکورہ وجہ سے ان کی استدعا کے بموجب چندہ کا دیا جانا متعذر

ہے۔"

مذکورہ بالا فرمان کے ذریعہ وظیفہ کے قیام کی منظوری مل چکی تھی مگر اس وظیفہ کے اجراء کے لئے ضروری شرائط کا طے کیا جانا باقی تھا۔ چنانچہ اس سلسلہ میں کمیٹی عطائے وظائف تعلیمی کا ایک اجلاس منعقد ہوا جس میں اس وظیفہ کے اجراء کے سلسلہ میں چند تجاویز پیش ہوئیں۔ یہ تجاویز آصف سابع کی منظوری حاصل کرنے کی غرض سے صیغہ فینانس کے حوالہ کی گئیں۔ صیغہ فینانس نے ایک عرضداشت مورخہ ۲۸ / جولائی ۱۹۱۵ء آصف سابع کی خدمت میں پیش کی جس میں لکھا گیا کہ بذریعہ فرمان حیدرآباد میں گوکھلے میموریل اسکالرشپ کے نام سے ایک وظیفہ قائم کرنے کی منظوری دی جاچکی ہے اور اس بارے میں کمیٹی عطائے وظائف تعلیمی نے بالاتفاق حسب ذیل تجاویز طے کی ہیں:

۱۔ گوکھلے اسکالرشپ ان طلبہ کے منجملہ (جنھوں نے نہایت قابل اطمینان ہائی اسکول لیونگ سرٹیفکٹس حاصل کئے ہوں) بہترین طالب علم کو دیا جائے گا۔

۲۔ وظیفہ مذکور کمیٹی عطائے وظائف تعلیمی ہائی اسکول لیونگ بورڈ کی رپورٹ وصول ہونے پر عطا کرے گی۔

۳۔ وظیفہ مذکور ہر سال نظام کالج میں تعلیم پانے کے لئے دیا جائے گا اور اس کی مدت اجرائی چار سال ہوگی جو خاص صورتوں میں پانچ سال تک بڑھائی جاسکتی ہے۔

۴۔ اس وظیفہ تعلیمی کی مقدار تیس روپے سکہ عثمانیہ ماہانہ ہوگی۔

۵۔ ہر وظیفہ یاب کو گوکھلے پرائز کے نام سے ایک سو روپے کی کتابیں (جن کا انتخاب پرنسپل نظام کالج کریں گے) دی جائیں گی۔

ان تجاویز کو درج کرنے کے بعد عرضداشت کے آخر میں لکھا گیا کہ اگر آصف سابع ان تجاویز کو منظوری عطا فرمائیں تو سال حال بھی ایک وظیفہ کا اجراء عمل میں آئے

گا۔

آصف سابع نے فوری ان تجاویز کو منظوری دی اور جس تاریخ کو عرضداشت پیش کی گئی تھی اسی تاریخ کو حسب ذیل فرمان صادر ہوا۔

"گوکھلے میموریل اسکالرشپ کی نسبت کمیٹی وظائف تعلیمی کے تجاویز، معین المہام فینانس کی رائے کے مطابق منظور کئے جاتے ہیں حسبہ، اس سال بھی ایک وظیفہ تعلیمی دیا جائے۔"

حیدرآباد میں گوکھلے میموریل اسکالرشپ کے نام سے ایک تعلیمی وظیفہ قائم کئے جانے کے باوجود بمبئی کی گوکھلے میموریل فنڈ کمیٹی نے گوکھلے میموریل کے لئے چندہ دینے کے لئے مزید درخواست روانہ کی جس کے بارے میں پولیٹیکل ڈپارٹمنٹ کی جانب سے ایک عرضداشت مورخہ ۱۵ / اگست ۱۹۱۵ء آصف سابع کی خدمت میں پیش کی گئی جس میں کہا گیا کہ حیدرآباد میں یادگار قائم ہو جانے کے بعد بمبئی میں گوکھلے کی یادگار قائم کرنے کے لئے چندہ دینا حکومت حیدرآباد کے لئے ضروری نہیں ہے۔

آصف سابع نے عرضداشت میں پیش کردہ رائے سے اختلاف نہیں کیا لیکن اپنی جانب سے چندہ دینا طے کیا۔ اس بارے میں بلا کسی تاخیر یعنی ۱۵ / اگست ۱۹۱۵ء کو آصف سابع کا جو فرمان صادر ہوا تھا اس کا متن ذیل میں درج کیا جاتا ہے:

"مسٹر گلانسی اور فریدوں جنگ بہادر نے جو رائے دی ہے وہ اصولاً ٹھیک ہے مگر چونکہ ہزہائنس آغا خان اور دوسرے معزز لوگ اس چندہ میں شریک ہیں لہٰذا میری طرف سے بھی پانچ ہزار کا چندہ دیا جانا نامناسب نہ ہوگا۔ یہ چندہ دیتے وقت مسٹر گلانسی کی رائے کے مطابق کمیٹی کو ترکیب سے سمجھا دینا چاہئے کہ میں علاقہ بمبئی کا کوئی رئیس نہیں ہوں جیسا کہ کمیٹی کا خیال پایا جاتا ہے۔"

اس کارروائی کے بارے میں جو حقائق سامنے آئے ہیں ان سے اندازہ ہوتا ہے کہ سابق ریاست حیدرآباد میں تعلیم کے میدان میں اس زمانہ کا یہ سب سے اہم اعزاز تھا۔ کیونکہ اس وقت تک ریاست میں جامعہ عثمانیہ کا قیام عمل میں نہیں آیا تھا۔ یہ اہم اعزاز یا بڑا تعلیمی وظیفہ ریاست کے کسی فرد یا چونکہ حکمران ریاست کا مذہب اسلام تھا اس لئے کسی بڑی مسلم شخصیت کے نام موسوم نہیں کیا گیا، حالانکہ ریاست حیدرآباد میں باکمال شخصیتوں کی کمی نہیں تھی۔ آصف سابع چاہتے تو اپنے نام سے ہی یہ اعزاز و وظیفہ جاری کر سکتے تھے لیکن گوکھلے کا کم عمری میں اوج کمال کو پہنچنا، ان کی قومی و عوامی خدمات میں تعلیمی خدمات کا نمایاں حصہ اور ان کی تعلیم کی ترقی اور اشاعت پر توجہ مرکوز کرنا، ایک غیر ریاست میں ان کے نام سے سب سے اہم تعلیمی اعزاز و وظیفہ قائم کئے جانے کا سبب و محرک بنا۔

ریاست حیدرآباد میں یہ وظیفہ برسوں تک دیا جاتا رہا اور گوپال کرشن گوکھلے کی شخصیت کو خراج ادا کرنے کے ساتھ ہی ساتھ سابق ریاست حیدرآباد کے حکمران اور نظم ونسق کی اعلیٰ ظرفی کی بھی یاد تازہ کرتا رہا۔

***

مارماڈیوک پکتھال اور ترجمۂ قرآن مجید

قرآن مجید کے شہرہ آفاق مترجم ، کئی معیاری علمی، ادبی اور تحقیقی کتابوں کے مصنف اور مشہور صحافی مارماڈیوک پکتھال ۱۸۷۵ء میں انگلستان میں پیدا ہوئے۔ انہوں نے انگلستان اور یورپ کے ممالک کی درسگاہوں میں تعلیم حاصل کی۔ پکتھال نے مصر، ترکی، بیروت ، شام اور بیت المقدس کی سیاحت کی جہاں کافی عرصے تک ان کا قیام رہا۔ ان ملکوں کی سیاحت اور قیام کے دوران پکتھال نے عربی زبان کی تحصیل مکمل کی اور اسلام کے بارے میں اپنی معلومات میں اضافہ کیا۔ انہوں نے اپنے گہرے اور وسیع مطالعے کی بنیاد پر ۱۹۱۴ء میں اسلام قبول کیا۔

محمد مارماڈیوک پکتھال ۱۹۲۰ء میں بمبئی آئے۔ مشہور اخبار بمبئی کرانیکل کے ایڈیٹر مقرر ہوئے اور ۱۹۲۴ء تک یہ ذمہ داری نبھاتے رہے۔ چادر گھاٹ ہائی اسکول کے پرنسپال کی خدمت کے لئے سابق ریاست حیدرآباد کی حکومت کی نظر انتخاب پکتھال پر پڑی۔ اس وقت ان کی عمر پچاس برس کے لگ بھگ تھی لیکن ان کی غیر معمولی قابلیت اور اعلیٰ صلاحیتوں کے پیش نظر اس رکاوٹ کو نظر انداز کرتے ہوئے انہیں اس خدمت کے منظورہ گریڈ کی انتہائی یافت ایک ہزار روپے کلدار ماہوار کی پیشکش کی گئی۔ پکتھال نے اس پیشکش کو قبول کیا۔ وہ جنوری ۱۹۲۵ء میں حیدرآباد آکر چادر گھاٹ ہائی اسکول کے پرنسپال کی خدمت پر رجوع ہوئے۔ انہوں نے چادر گھاٹ ہائی اسکول کی ترقی کے لئے بڑی محنت اور طلبہ کی کردار سازی پر خصوصی توجہ دی اور چادر گھاٹ ہائی اسکول کو ایک

مثالی درس گاہ بنانے میں کوئی کسر نہیں چھوڑی۔

ڈاکٹر احمد محی الدین جو پکتھال کے دور میں چادر گھاٹ ہائی اسکول کے طالب علم تھے، اپنے ایک مضمون مطبوعہ ماہنامہ 'سب رس'، حیدرآباد سپٹمبر ۱۹۹۴ء میں لکھتے ہیں کہ:

پکتھال کے مراسم مصر، ترکی اور برطانیہ کے اعلی عہدیداروں سے تھے، اسی زمانے میں وہ سیول سرویس کے منتخب افراد کی تربیت بھی کرتے تھے اور سب سے بڑھ کر یہ کہ وہ ترجمہ قرآن کے کام میں غرق تھے مگر حیرت ہے کہ اس مصروفیت کے باوجود وہ بلاناغہ سوائے جمعہ کی تعطیل کے، دن بھر مدرسے میں موجود رہتے۔ دوپہر کے وقفے میں نماز ظہر کی امامت بھی کرتے اور اسی گھنٹے میں اسکول کے صحن میں کچھ دیر کے لئے لڑکوں سے بے تکلف گفتگو بھی کرتے تھے۔ ان کی گفتگو میں لطیف ظرافت جھلکتی رہتی تھی۔ طلبہ ان کی مسکراہٹ کبھی نہیں بھول سکتے۔

حیدرآباد میں وہ محکمہ نظامت اطلاعات عامہ اور سیول سروس ہاؤس کے نگراں کار بھی مقرر کئے گئے تھے۔ حیدرآباد کا معروف انگریزی رسالہ 'اسلامک کلچر' ۱۹۲۷ء میں پکتھال کی ادارت میں جاری ہوا جسے پکتھال نے بلند پایہ علمی اور تحقیقی جریدہ بنانے کے لئے سخت محنت کی۔ حیدرآباد کے قیام تک وہی اس رسالے کے ایڈیٹر تھے۔

فرمان -- بملاحظہ:- عرضداشت صیغۂ تعلیمات معروضۂ ۲۵/ محرم الحرام ۱۳۴۷ھ جو قرآن شریف کا بامحاورہ و موثر انگریزی زبان میں صحیح ترجمہ کرنے کے لیے مسٹر پکتھال کو دو سال کی رخصت بسالم ماہوار دینے کی نسبت ہے۔|| حکم:- مذکور کام کے لیے مسٹر پکتھال کو دو سال کی رخصت بسالم ماہوار دی جائے۔ ۲۷/ محرم الحرام ۱۳۴۷ھ

قرآن پاک کا انگریزی میں ترجمہ پکتھال کا عظیم کارنامہ ہے۔ حیدرآباد کی ملازمت کے دوران ترجمے کے کام کو مکمل فرصت اور یکسوئی کے ساتھ انجام دینے کے لئے انہیں پوری تنخواہ کے ساتھ دو سال کی رخصت منظور کی گئی۔ پکتھال ترجمہ مکمل ہونے پر مصر گئے اور وہاں انہوں نے جامعہ ازہر کے اساتذہ اور دیگر علماء سے اپنے ترجمے پر مشورہ لیا اور قرآن مجید کے مشکل مقامات پر بحث و مباحثہ کیا جس کی روشنی میں انہوں نے اپنے ترجمے پر کہیں کہیں نظر ثانی بھی کی۔

ان کا ترجمہ ۱۹۳۰ء میں The Meanning of tha Glorious Koran کے نام سے بیک وقت لندن اور نیویارک سے شائع ہوا۔ گورنمنٹ سنٹرل پریس حیدرآباد سے بھی دو جلدوں میں اس کی اشاعت عمل میں آئی۔ اس ترجمے کے اب تک بے شمار ایڈیشن شائع ہو چکے ہیں اور ہو رہے ہیں۔

محمد مارماڈیوک پکتھال کا انگریزی ترجمہ لازوال ہے۔ اس سے ہمیشہ استفادہ کیا جائے گا۔ ریاست حیدرآباد کو یہ اعزاز حاصل ہے کہ قرآن حکیم کے اس مترجم کو اس نے سر آنکھوں پر بٹھایا اور عظیم ترین مترجم کے لئے ممکنہ سہولتیں فراہم کیں۔ یہی نہیں بلکہ اس ترجمے کی تکمیل کے بعد بھی اس مترجم قرآن کے ساتھ شایان شان سلوک روا رکھا۔

پکتھال کو صرف دس سالہ ملازمت پر ان کی اہم خدمات کے پیش نظر بطور خاص نصف تنخواہ کا وظیفہ پانچ سو روپے کلدار ماہانہ منظور کیا گیا اور ان کے انتقال پر ان کی بیوہ کو دو سو پونڈ سالانہ وظیفہ تاحیات مقرر کیا گیا۔

مارماڈیوک پکتھال کی حیات اور کارناموں پر اردو میں چند مضامین شائع ہوئے ہیں جن میں حیدرآباد کی ملازمت کے بارے میں معلومات ملتی ہیں لیکن حیدرآباد میں ان کی

دس سالہ ملازمت کے بارے میں حسب ذیل تفصیلی، مستند اور اہم مواد جو آندھرا پردیش اسٹیٹ آرکائیوز کے ریکارڈ پر مبنی ہے پہلی بار پیش کیا جارہا ہے۔

چادر گھاٹ ہائی اسکول کے پرنسپال کی جائداد کے انتظام کے متعلق سر راس مسعود ناظم تعلیمات نے اپنی ایک تحریک میں لکھا کہ:

"محکمہ تعلیمات کی ترقی کے لئے یہ امر ہمیشہ پیش نظر رہا ہے کہ فرسٹ گریڈ ہائی اسکولوں میں کم از کم ایک ہائی اسکول کا پرنسپال قابل انگریز رہا کرے۔ اسی اصول کے مد نظر چادر گھاٹ ہائی اسکول کی صدارت پر پہلے شاکراس اور ان کے تبادلے پر کرک پیاٹرک مامور کئے گئے تھے۔ اب کرک پیاٹرک کا انتقال ہو چکا ہے اس لئے اس جائیداد کے لئے مارماڈیوک پکتھال کا نام پیش کیا جاتا ہے۔ پکتھال آج کل کی علمی دنیا میں مشاہیر میں شمار کئے جاتے ہیں۔ انہوں نے انگلستان اور یورپ کے دیگر ممالک میں تعلیم پائی ہے۔ انگریزی، جرمن، فرانسیسی اطالوی اور ہسپانوی زبانوں سے واقف ہونے کے علاوہ وہ عربی میں بھی بہت اچھی استعداد رکھتے ہیں۔ وہ ۱۸۷۶ء میں پیدا ہوئے اور انہوں نے اپنی زندگی کا بیشتر حصہ اسلامی ممالک میں عربوں، ترکوں اور مصریوں کی صحبت میں گزارا ہے۔ اسلامی ممالک کے بارے میں ان کی بہت سی تصانیف ہیں۔ انگلستان اور امریکہ کے تمام معتبر اخبارات اور رسائل میں ان کتابوں کی تعریف و توصیف کے ساتھ اس امر کا اعتراف کیا گیا ہے کہ مشرقی ممالک کے حالات اور تمدن کو سمجھنے کے لئے ان کا مطالعہ لازمی ہے۔ یہ کتابیں اس قدر مقبول ہوئی ہیں کہ ان کا ترجمہ فرانسیسی، جرمن، ڈینش، ہنگرین اور روسی زبانوں کے علاوہ ایشیا کی متعدد زبانوں میں بھی ہوا ہے۔

مارماڈیوک پکتھال کے خلوص اور ہمدردی کی بنا پر ترکی کی حکومت ان کو اپنے ایک صوبہ کا گورنر مقرر کرنے کا ارادہ کر رہی تھی لیکن جنگ کا آغاز ہونے کی وجہ سے یہ تقرر

عمل میں نہ لایا نہ جاسکا تاہم ان کے لئے جو عزت و وقعت ترکوں کے دلوں میں تھی اس کا اظہار اس بات سے ہوتا ہے کہ ترکی کی ایک اہم شاہراہ کو ان کے نام سے موسوم کرنے کی تجویز تھی۔

پکتھال ۱۹۲۴ء سے چند ماہ قبل تک بمبئی کرانیکل کے ایڈیٹر تھے چونکہ ان کے جیسے قابل اور مشہور یورپین کی خدمات سے مستفید ہونے کا ہندوستان میں شاذ و نادر ہی موقع ملتا ہے اس لئے محکمہ تعلیمات کے لئے ان کی خدمات جلد سے جلد حاصل کی جائیں۔ چادر گھاٹ ہائی اسکول کے پرنسپال کی جائیداد (۵۰۰ تا ۱۰۰۰ روپے) پر اس سے بہتر کوئی انتظام نہیں ہو سکتا۔ اس سلسلے میں مارماڈیوک پکتھال سے یہی استفسار کرنے کی اجازت دی جائے کہ آیا وہ اس خدمت کو دو سال تک اس کے انتہائی گریڈ ایک ہزار روپے ماہوار کے ساتھ قبول کرنے کے لئے آمادہ ہیں یا نہیں؟"

معتمد تعلیمات اور محکمہ فینانس نے ناظم تعلیمات کی پیش کردہ اہم تحریک سے مکمل طور پر اتفاق کیا۔ ان سفارشات پر نواب میر عثمان علی خان آصف سابع نے اپنے فرمان مورخہ ۲۲/ڈسمبر ۱۹۲۴ء کے ذریعہ چادر گھاٹ ہائی اسکول کے پرنسپال کی جائیداد پر دو سال کے لئے ایک ہزار روپے کلدار ماہوار پر مارماڈیوک پکتھال کے تقرر کے احکام صادر کرتے ہوئے لکھا کہ اس پیشکش کی نسبت پکتھال جو کچھ جواب دیں اس کی اطلاع آصف سابع کو دی جائے۔ اس فرمان کی تعمیل میں پکتھال کو فوراً بذریعہ تار مطلع کیا گیا۔ انہوں نے اطلاع دی کہ انہیں یہ پیشکش قبول ہے اور انہوں نے ۱۵/ جنوری ۱۹۲۵ء کو اپنی خدمت کا جائزہ بھی حاصل کرلیا۔

فرمان -- بملاحظہ:- عرضداشت صیغۂ تعلیمات معروضۂ ۲۳/جمادی الثانی ۱۳۵۵ھ جو مسز پکتھال کے وظیفۂ رعایتی کی نسبت ہے۔|| حکم:- کونسل کی رائے کے

مطابق اس مقدمہ کے خاص حالات کے مد نظر مسز پکتھال کے نام دو سو پونڈ سالانہ وظیفہ رعایتی تاحیات جاری کیا جائے۔ ۲۹/ جمادی الثانی ۱۳۵۵ھ

مارماڈیوک پکتھال کی منظورہ دو سالہ مدت جب ختم ہونے کو تھی تو ان کی خدمت کو مستقل قرار دینے کے بارے میں ایک عرضداشت آصف سابع کے احکام کے لئے پیش کی گئی جس میں پکتھال کی اطمینان بخش کارگزاری کی بنا پر ان کی ملازمت کو مستقل قرار دینے کے لئے ناظم و معتمد تعلیمات اور محکمہ فینانس کی سفارشات درج تھیں۔ ان سفارشات کو منظور کرتے ہوئے آصف سابع نے چادر گھاٹ ہائی اسکول کے پرنسپال کی جائید اد پر پکتھال کو مستقل قرار دینے کے احکام صادر کئے۔ چونکہ پکتھال انگریز تھے اور انگلستان کے باشندے تھے اس لئے ان کے استقلال سے متعلق رزیڈنسی سے بھی مشورہ کیا گیا تھا جس کا جواب تاخیر سے وصول ہوا یعنی پکتھال کو مستقل قرار دینے کا فرمان جاری ہونے کے بعد۔

رزیڈنسی کے مراسلے میں لکھا گیا کہ رزیڈنٹ کو شبہ ہے کہ آیا پکتھال کا مستقل تقرر مناسب رہے گا۔ پکتھال کو مزید دو سال کی توسیع دی جائے تو انہیں (رزیڈنٹ) کوئی اعتراض نہیں اور بعد ختم مدت مزید غور ہو سکتا ہے۔ رزیڈنسی سے اس مراسلے کی وصولی پکتھال کو مستقل قرار دینے کے احکام کو التوا میں رکھتے ہوئے ان کی مدت ملازمت میں دو سال کی توسیع کے لئے عرضداشت پیش کی گئی جس پر آصف سابق نے فرمان مورخہ ۲۷/ فروری ۱۹۲۷ء کے ذریعہ پکتھال کی مدت ملازمت میں دو سال کی توسیع منظور کی۔

پکتھال نے حیدرآباد کی ملازمت کے دوران قرآن مجید کا انگریزی ترجمہ مکمل کرنے کا ارادہ کیا چنانچہ انہوں نے اس سلسلے میں ایک درخواست بتوسط ناظم تعلیمات پیش کی جس

میں انہوں نے لکھا کہ حکومت ریاست حیدرآباد کی ملازمت میں داخل ہونے سے قبل انہوں نے قرآن پاک کا ترجمہ شروع کر دیا تھا تا کہ اس کے محاسن، جوش اور دبدبہ کا کچھ اظہار ہو سکے جو موجودہ ترجموں میں مفقود ہے، یہاں آنے کے بعد انہیں اپنے گوناگوں فرائض میں اس قدر منہمک ہونا پڑا کہ ترجمے کے کام کو آگے بڑھانے کے لئے فرصت نہیں ملی۔ وہ قرآن پاک کے ایک ثلث کا ترجمہ کر چکے ہیں جس میں آٹھ ماہ صرف ہوئے تھے۔ بقیہ کام کی تکمیل کے لئے کامل فرصت کے ساتھ دو سال کی مدت درکار ہو گی۔ اس مدت میں وہ ترجمے کو حواشی و مقدمے کے ساتھ مکمل کر لیں گے۔ انہیں علماء سے مشورہ اور کتب خانوں سے مدد لینے کے لئے یورپ، مصر اور الجریا بھی جانا پڑے گا۔ اس لئے ان کی استدعا ہے کہ انہیں دو سال کی رخصت بطور خاص پوری تنخواہ کے ساتھ منظور کی جائے۔

پکتھال نے اپنی درخواست میں یہ بھی لکھا کہ قرآن پاک کے موجودہ ترجموں میں مولوی محمد علی کا ترجمہ محنت سے کیا گیا ہے مگر اس کی انگریزی ایسی ہے کہ کوئی انگریز اس کو روا نہیں رکھ سکتا۔ دوسرے تراجم ایسے لوگوں کے ہیں جو قرآن پاک کو مقدس نہیں سمجھتے تھے اس لئے انہوں نے طرز عبارت میں کوئی احتیاط روا نہیں رکھی۔ پکتھال نے درخواست میں خود اپنے بارے میں لکھا کہ وہ عربی کے مختلف السنہ بخوبی جانتے ہیں۔ قرآن پاک کی تلاوت میں ذوق و شوق کے ساتھ انہوں نے اپنی عمر صرف کی ہے۔ انگریزی ان کی مادری زبان ہے اور بحیثیت مصنف انہیں کسی حد تک شہرت حاصل ہو چکی ہے۔ ان کی تمنا ہے کہ لندن میں مسجد نظامیہ کی تعمیر ختم ہونے سے پہلے قرآن پاک کا ترجمہ صاف اور موثر انگریزی میں شائع ہو جائے جو لندن کے ہر کتب فروش کی دکان پر مل سکے اور جس کو انگریز مسرت کے ساتھ پڑھ سکیں اور آسانی سے سمجھ سکیں۔

ناظم تعلیمات نے اس درخواست پر یہ رائے تحریر کی کہ قرآن پاک کے بہترین اور صحیح ترجمے کا موقعہ حاصل ہو رہا ہے۔ اگر آصف سابع پکتھال کی درخواست کو منظور فرمائیں تو تمام اسلامی دنیا پر احسان ہو گا۔ اس وقت دنیائے ادب میں پکتھال کے سوا کوئی ایسا نہیں ہے جو قرآن پاک کا ترجمہ اس خوبی سے کر سکے کہ اس کے حقیقی حسن میں فرق نہ آئے۔ لہذا وہ پر زور سفارش کرتے ہیں کہ اس خاص کام کے لئے حسب استدعا پکتھال کو دو سال کی رخصت پوری تنخواہ کے ساتھ منظور کی جائے اور انہیں یورپ، مصر اور الجیریا جانے کی اجازت دی جائے تا کہ وہ وہاں کے علماء سے مشورہ اور کتب خانوں سے مدد لیں۔

ناظم تعلیمات کی رائے اور سفارشات سے معتمد و صدر المہام تعلیمات، محکمہ فینانس اور مہاراجہ سر کشن پرشاد صدر اعظم نے کامل اتفاق کیا۔ آصف سابع نے ان سفارشات کی بنیاد پر فرمان مورخہ ۱۶/جولائی ۱۹۲۸ء کے ذریعہ قرآن شریف کے انگریزی زبان میں ترجمے کے لئے پکتھال کو پوری تنخواہ کے ساتھ دو سال کی رخصت منظور کی۔

ابتداء میں مارماڈیوک پکتھال کا تقرر دو سال کے لئے ہوا تھا جس کے بعد انہیں دو سال کی توسیع دی گئی تھی۔ چار سال کی مدت پوری ہونے پر ان کی مدت ملازمت میں دو بار تین سال کی توسیع دی گئی۔ آخری تین سالہ مدت منظورہ جب قریب الختم تھی، پکتھال نے انہیں ملازمت سے وظیفہ حسن خدمت پر سبکدوش کرنے کے لئے درخواست دی۔ پکتھال کی جانب سے وظیفہ کے لئے دی گئی درخواست پر ناظم تعلیمات نے لکھا کہ:

"تاریخ ابتدائی ملازمت سے توسیع کی مدت ختم ہونے تک پکتھال کی جملہ مدت ملازمت ۱۰ سال اور عمر ۶۰ سال ہوتی ہے۔ پکتھال نے زمانۂ ملازمت میں نہ صرف پرنسپال کی خدمت قابل تحسین طریقے پر انجام دی ہے بلکہ اپنے مفوضہ فرائض کو انجام

دیتے ہوئے محکمہ نظامت اطلاعات اطلاعات عامہ اور سیول سرویس ہاؤس کی نگرانی کی خدمات بھی انجام دی ہیں۔ انہوں نے قرآن پاک کا وہ بے مثل ترجمہ انگریزی میں کیا ہے کہ قرآن کریم کے جتنے ترجمے انگریزی زبان میں آج تک ہوئے ہیں ان سب میں پکتھال کا ترجمہ بہترین سمجھا جاتا ہے۔

ازروئے ضابطہ استحقاق سے زیادہ وظیفہ نہیں دیا جاسکتا تھا لیکن پکتھال کا تقرر ان کی مستند قابلیت کی وجہ سے اور خاص حالات کے تحت عمل میں آیا تھا۔ ان کی خدمات قابل قدر اور قابل ستائش رہی ہیں۔ ان حقائق کے پیش نظر پکتھال کو ان کی دس سالہ ملازمت پر بطور خاص نصف تنخواہ کا وظیفہ ان کی خدمت کی قدر دانی کے معاوضے سے منظور کیا جائے۔"

ناظم تعلیمات کی رائے اور سفارشات سے معتمد و صدر المہام تعلیمات اور محکمہ فینانس نے اتفاق کیا اور ارباب حکومت نے بھی ان سفارشات کو قبول کرتے ہوئے قرارداد منظور کی۔

آصف سابع نے ان سفارشات کو منظور کرتے ہوئے اپنے فرمان مورخہ ۲۶ اگست ۱۹۳۴ء کے ذریعہ احکام صادر کئے کہ مسٹر پکتھال کو ان کی خواہش کے مطابق جنوری ۱۹۳۵ء سے ریٹائر کر کے ان کے نام پانچ سو روپے کلدار وظیفہ بطور خاص جاری کیا جائے۔

پکتھال وظیفہ پر سبکدوش ہونے کے بعد لندن چلے گئے جہاں ان کا ۱۹/ مئی ۱۹۳۶ء کو انتقال ہوا۔ پکتھال کے انتقال کی اطلاع ملنے پر آصف سابع نے از خود تحریری طور پر استفسار کیا:

"مسٹر پکتھال نے اس ریاست میں مختلف خدمات عمدگی سے ایک عرصہ تک انجام

دیں۔ اس کے مد نظر ان کی بیوہ اس ریاست سے وظیفہ پانے کی مستحق ہے۔ کونسل کی رائے عرض کی جائے کہ بیوہ کے نام کس قدر وظیفہ جاری ہونا مناسب ہے۔"

ان احکام کی تعمیل میں ارباب حکومت کی سفارشات پیش کی گئیں اور آصف سابع نے بذریعہ فرمان مورخہ ۱۶ سپٹمبر ۱۹۳۶ء مسز پکتھال کے نام دو سو پونڈ سالانہ وظیفہ رعایتی تاحیات جاری کرنے کے احکام جاری کئے۔

＊＊＊

نواب عماد الملک کا ترجمۂ قرآن مجید حیدر آباد دکن میں

نواب عماد الملک بہادر کی ہمہ پہلو شخصیت حیدر آباد کی تاریخ کا ایک درخشاں باب ہے۔ وہ ریاست حیدر آباد کی ایک عظیم شخصیت ہی نہیں تھے بلکہ تاریخ ساز شخصیت بھی تھے۔ سالار جنگ اول کے طلب کرنے پر وہ ۱۸۷۳ء میں حیدر آباد آئے اور یہیں کے ہو رہے۔ سالار جنگ اول کے انتقال تک عماد الملک ان کے پرسنل اسسٹنٹ اور پرائیوٹ سکریٹری کے طور پر کام کرتے رہے۔ اس کے علاوہ نواب میر محبوب علی خان آصف سادس کے پرائیوٹ سکریٹری اور سالار جنگ سوم کے دور مدار المہامی میں ان کے مشیر بھی مقرر کئے گئے تھے۔ ریاست حیدر آباد میں عماد الملک کو اونچے عہدے مل سکتے تھے لیکن ان کی دلچسپی اور خواہش پر انہیں محکمہ تعلیمات میں رکھا گیا اور وہ عرصہ دراز تک دیگر خدمات کے علاوہ بلا کسی وقفے کے محکمہ تعلیمات کی معتمدی اور نظامت کے فرائض انجام دیتے رہے۔ ریاست حیدر آباد میں باقاعدہ تعلیم کا آغاز اور اس کی توسیع اور اشاعت ان ہی کی کوششوں کی رہین منت ہے۔ عماد الملک کو ان کی اعلیٰ قابلیت اور صلاحیتوں کے باعث انڈین لیجسلٹیو کونسل اور انڈیا کونسل کا ممبر بھی منتخب کیا گیا تھا۔ عماد الملک ماہر نظم و نسق اور ماہر تعلیم ہونے کے علاوہ ایک عالم، ادیب، محقق، مترجم اور دانشور بھی تھے۔ ان کے علمی ذوق، کتابوں سے محبت اور علم و ادب کی سرپرستی کے چرچے آج بھی سننے میں آتے ہیں۔ علم و ادب سے محبت اور لگاؤ کی وجہ سے وہ ہمیشہ ہر اچھے علمی و ادبی کام کی تکمیل میں دلچسپی لیتے تھے خود مالی اعانت کرتے تھے اور سفارش

کر کے دوسروں سے اور حکومت سے بھی مالی امداد دلواتے تھے۔

نواب عمادالملک بہادر اپنی سرکاری ملازمت اور دیگر اہم ذمہ داریوں اور مصروفیات کے باعث تصنیف و تالیف کے لئے زیادہ وقت نہ دے سکے۔ تاہم

Memoirs of Sir Salar Jung.
Historical & Descriptive Sketch of H.H. The Nizam,s Dominion.

انگریزی مضامین، مقالات، خطبات اور نظموں کا مجموعہ، اردو مضامین، مقالات اور خطبات کا مجموعہ رسائل عمادالملک اور قرآن مجید کا انگریزی ترجمہ۔۔ یہ تمام تصانیف ان کی یادگار ہیں۔ ان میں ان کا انگریزی ترجمہ قرآن مجید سب سے اہم اور قابل قدر کام سمجھا جاتا ہے جسے انہوں نے نہایت محققانہ اور عالمانہ کدوکاوش سے کیا تھا۔ اس مضمون میں آندھرا پردیش آرکائیوز کے ریکارڈز کے مواد کی بنیاد پر عمادالملک کے عظیم کارنامے ترجمہ قرآن مجید سے واقف کروانے کی کوشش کی جارہی ہے جو اب تک اپنی تمام تر تصنیفات کے ساتھ علمی دنیا کے علم میں نہیں ہے۔

نواب عمادالملک کو قرآن مجید کے انگریزی ترجمے کے کام سے غیر معمولی دلچسپی تھی۔ انہوں نے ۱۹۱۰ء میں اس کام کا آغاز کیا اور تقریباً دو سال تک وہ یہ کام تنہا انجام دیتے رہے۔ انہیں اس کام کو تیزی سے آگے بڑھانے میں دقت پیش آرہی تھی کیونکہ اسن کام میں ان کا کوئی معاون و مددگار نہ تھا۔ چنانچہ انہوں نے حکومت ریاست حیدرآباد کے نام ایک مددگار کے لئے مالی امداد منظور کرنے کے لئے درخواست پیش کی۔ بعد ازان ایک اور درخواست کے ذریعہ انہوں نے بغیر کسی پابندی اور رکاوٹ کے رقمی امداد جاری کرنے کی استدعا کی۔ ان کی درخواست پر امداد کے لئے فوراً منظوری دی گئی۔ عمادالملک کی ان درخواستوں اور ان پر حکومت کی جانب سے کی گئی کارروائی کے خلاصے کے مطالعے

سے نہ صرف عماد الملک کے ترجمے کی خصوصیات ظاہر ہوتی ہیں بلکہ ان کی شخصیت کے چند اہم پہلو اور حکومت کی نظر میں ان کے بلند مقام کا بھی بخوبی اندازہ کیا جاسکتا ہے۔

عماد الملک نے اپنی درخواست مورخہ ۲۲ فروری ۱۹۱۲ء میں لکھا تھا کہ کوئی دو سال یا اس سے زیادہ عرصے سے وہ کلام مجید کا انگریزی ترجمہ کررہے ہیں۔ اس عرصے میں یہ کام علالت، سفر اور دیگر اسباب کی وجہ سے ملتوی بھی رہا۔ جہاں تک وہ واقف ہیں قرآن مجید کے انگریزی زبان میں صرف تین ترجمے ہیں جن میں سے ایک ترجمہ بھی صحیح نہیں ہے۔ اس کے علاوہ ان ترجموں میں محاورات وغیرہ کی بہت سی غلطیاں موجود ہیں۔ صرف راڈول کا ترجمہ ایک حد تک اس عیب سے پاک ہے۔ انگریزی ترجموں کے علاوہ فرانسیسی میں ایک اور جرمن زبان میں دو ترجمے ہیں۔ جرمن زبان کا ایک ترجمہ قرآن مجید کی اتباع میں مسجع عبارت میں کیا گیا ہے۔ عماد الملک نے اپنے ترجمے کے بارے میں لکھا کہ وہ چاہتے ہیں کہ ان کا ترجمہ لفظ بہ لفظ ہو اور زبان بھی حتی الامکان شستہ اور آراستہ ہو۔ ثقیل الفاظ نیز لاطینی و یونانی زبانوں کے الفاظ سے احتراز کیا جائے۔ انہوں نے قرآن مجید کی چند سورتوں کا اپنا انگریزی ترجمہ انگلستان کے عربی زبان کے تین مشہور اساتذہ کو دکھایا تھا جنھوں نے ترجمے کو پڑھ کر بہت تعریف کی تھی اور یہ خیال ظاہر کیا تھا کہ ان کے ترجمے کو تمام سابق تراجم پر فوقیت حاصل رہے گی۔ عماد الملک نے اپنی درخواست میں بتایا کہ وہ اس وقت تک چھ سورتوں کا ترجمہ کرچکے ہیں اور اب ساتویں سورت کا ترجمہ کررہے ہیں لیکن اس کام میں جو دقت پیش آرہی ہے اس کے پیش نظر بعض اوقات ان کو مایوسی ہوتی ہے کہ وہ شاید اس کام کو پورا نہ کرسکیں۔ اس کام کی دقتوں کا تذکرہ کرتے ہوئے انہوں نے لکھا کہ عربی زبان کے لحاظ سے ان کو عربی لغات، تفاسیر قرآنی اور وہ کتابیں جو قرآن شریف کے معانی و مطالب پر روشنی ڈالتی ہیں دیکھنی پڑتی ہیں۔ انہوں

نے ایسی متعدد بیش قیمت کتابیں خریدی ہیں اور ابھی بعض کتابوں کی ضرورت ہے جنہیں وہ خرید لیں گے۔ اس کے علاوہ انہیں انگریزی کے بڑے بڑے لغات، انجیل اور اس کی تعلیمات سے متعلق کتابیں بھی درکار ہیں۔ عماد الملک نے یہ لکھا کہ ان کو اس کام میں ایک مدد گار کی ضرورت ہے جس میں انگریزی کتابوں سے استفادے کی لیاقت نہ بھی ہو تو نہ سہی لیکن اگر وہ ان کو عربی کتابیں دیکھنے کی محنت سے نجات دلائے تو ان کو بہت اطمینان ہو گا۔ انہوں نے استدعا کی کہ آصف سابع ایک مدد گار کے لئے ڈیڑھ سو تا دو سو روپے ماہور منظور فرمائیں۔ انہوں نے اس بات کی وضاحت کی کہ وہ اپنیکام کے لئے کسی صلے یا معاوضے کے خواہاں نہیں ہیں اور نہ وہ کوئی ایسا اقرار نامہ لکھنے پر آمادہ ہیں جس سے ان کی آزادی میں خلل پڑے۔ انہیں اس کام سے عشق ہونے کی وجہ سے وہ اپنی بھرپور صلاحیتوں کو بروئے کار لاتے ہوئے حتی الامکان سرعت اور مسرت کے ساتھ اس کام کو انجام دینے کی کوشش کریں گے اور انہیں توقع ہے کہ اگر ان کی صحت اور دیگر حالات اجازت دیں تو وہ اس کام کو اٹھارہ مہینوں یا زیادہ سے زیادہ دو سال میں مکمل کر لیں گے۔ مسٹر گلانسی، صدر المہام (وزیر) فینانس نے عماد الملک کی درخواست پر یہ رائے دی کہ نواب عماد الملک بہادر کو عربی اور انگریزی کے عالم و ادیب کی حیثیت سے بڑی شہرت حاصل ہے اور اس لحاظ سے ان کا خیال ہے کہ یہ ترجمہ اس ریاست کی شہرت اور نیک نامی کا باعث ہو گا۔ لہذا انہیں یہ رائے دیتے ہوئے مسرت ہوتی ہے کہ عماد الملک بہادر کو دو سال کے لئے ایک مدد گار دیا جائے جس کی تنخواہ ڈیڑھ سو روپے تا دو سو روپے ماہانہ ہو گی۔ مہاراجہ کشن پرشاد مدار المہام (صدر اعظم) نے صدر المہام فینانس کی رائے سے اتفاق کیا۔ آصف سابع نے ان سفارشات کی روشنی میں فرمان مورخہ ۷ مئی ۱۹۱۲ء کے ذریعہ حکم دیا کہ عماد الملک کو کلام مجید کے انگریزی ترجمے کے لئے ایک مدد گار جس کی

تنخواہ ڈیڑھ سو دو سو روپے ماہانہ تک ہو دو سال کے لئے دیا جائے۔ اس فرمان کے جاری ہونے پر محکمہ فینانس کی جانب سے صدر محاسب کے نام ضروری ہدایات جاری کر دی گئیں۔ عمادالملک نے نظامت تعلیمات کو لکھا کہ فی الوقت انہیں صرف ایک سو پچیس روپے ماہانہ کی ضرورت ہے اور یہ رقم ہر ماہ صدر محاسبی سے طلب کر کے ان کے پاس روانہ کی جائے۔ نظامت تعلیمات کی جانب سے اس سلسلے میں بر آور د روانہ کرنے پر صدر محاسبی نے اسے اس اعتراض کے ساتھ واپس کر دیا کہ بر آور د نام کے ساتھ آنی چاہئے۔ بغیر نام کے رقم جاری نہیں ہو سکتی۔ اس اعتراض کے ساتھ یہ ہدایت دی گئی کہ بر آور د میں مد د گار کا نام درج کر کے روانہ کیا جائے۔ اس اعتراض کے بارے میں عمادالملک نے جواب دیا کہ آصف سابع نے اپنی عنایت سے جو رقم قرآن مجید کے ترجمے کے لئے منظور کی ہے وہ محض مد د گار کی تنخواہ میں صرف نہیں ہو گی بلکہ مد د گار کی تنخواہ کے علاوہ کتابوں کی خریدی اور پروف کی طباعت وغیرہ میں بھی صرف ہوتی رہے گی کیونکہ انگریزی ترجمے کو نظر ثانی، تصحیح و اصلاح کے لئے چھپوانا ضروری ہے۔ اور اس میں قابل لحاظ رقم صرف ہوتی ہے۔ وہ ان اخراجات کو منظورہ امداد سے پورا کرنا چاہتے ہیں تاکہ کسی دوسرے سے مد د کی درخواست کرنے کی ضرورت نہ رہے۔ اس کام میں اخراجات ایسے متفرق اور غیر معین ہیں کہ وہ ان اخراجات کا باقاعدہ حساب پیش کرنے کے قابل نہیں ہیں۔ چنانچہ انہوں نے امداد کے لئے جو درخواست دی تھی اس میں یہ لکھ دیا تھا کہ اگر امداد بلا شرط منظور نہ ہو تو اس کے قبول کرنے میں ان کو تامل ہو گا۔ انہوں نے اس بات کی صراحت کی کہ وہ اس قدر ذمہ داری لے سکتے یہں کہ اس امداد میں سے ایک پیسہ بھی سوائے قرآن شریف کے ترجمے کے کسی اور کام میں صرف نہ ہو گا۔ انہوں نے استدعا کی کہ مد د گار کے نام و تفصیلی اخراجات کی پابندی کے بغیر اندرون منظور امداد جس قدر رقم وہ

طلب کریں اس کی اجرائی کے لئے صدر محاسبی کو ہدایت دی جائے۔ عماد الملک کی درخواست پر محکمہ فینانس سے صدر محاسبی کے نام ہدایت جاری کردی گئی مگر اس سلسلے میں آصف سابع سے صراحت کے ساتھ احکام حاصل کرنا ضروری تھا۔ چنانچہ ساری کارروائی ان کے ملاحظے اور احکام کے لئے پیش ہوئی اور آصف سابع نے فرمان مورخہ ۱۸ اکتوبر ۱۹۱۲ء کے ذریعہ یہ احکام جاری کئے، کہ ہر ماہ اندرون دو سو روپے جس قدر رقم عماد الملک بہادر طلب کریں وہ بلا کسی قید و حساب کے ادا کردیں۔

حکیم عبد القوی ایڈیٹر صدق جدید (لکھنو) کے مضمون نواب عماد الملک بہادر اور ان کا انگریزی ترجمہ قرآن، مطبوعہ روزنامہ سیاست مورخہ ۳ جنوری ۱۹۸۸ء سے اس بات کا پتہ چلتا ہے کہ عماد الملک نے ترجمے کے کام کا کب آغاز کیا تھا اور اس کام میں انہیں کن حضرات کا تعاون حاصل تھا۔ حکیم عبد القوی لکھتے ہیں کہ ۱۹۱۰ء میں مولانا شبلی نعمانی نے قرآن مجید کے ایک مستند انگریزی ترجمے کی ضرورت محسوس کی تھی۔ اس کام ک لئے نواب عماد الملک کو سب سے زیادہ اہل سمجھا گیا تھا۔ جب عماد الملک سے اس کام کو ہاتھ میں لینے کی استدعا کی گئی تو انہوں نے ایک خط کے ذریعہ اطلاع دی کہ وہ اس کام کا آغاز کرچکے ہیں اور روزانہ چار گھنٹے اس کام پر صرف کرتے ہیں۔ مولانا شبلی نعمانی کے مشورے پر عماد الملک نے اپنے ترجمے کے مسودے کے اجزاقسط وار مولانا شبلی نعمانی کے پاس بھیجنا شروع کئے تاکہ اس ترجمے کے بارے میں محققین اور علماء کی رائے حاصل کی جاسکے۔ ترجمے کے کام کے سلسلے میں عماد الملک اور شبلی نعمانی میں مراسلت کا سلسلہ جاری رہا۔ اس دوران شبلی نعمانی نے عماد الملک کو مشورہ دیا کہ وہ اپنے ترجمے کے مسودے شبلی نعمانی کے ایک قریبی عزیز مولانا حمید الدین فراہی کو دکھا کر ان کی رائے معلوم کرلیا کریں۔ مولانا فراہی عربی کے جید عالم کے علاوہ گرائجویٹ بھی تھے اور اس کام کے لئے

بے حد موزوں تھے۔ عمادالملک نے یہ مشورہ بخوشی قبول کرلیا۔

بدقسمتی سے نواب عمادالملک اپنی دیگر مصروفیات، ع لالت اور ضعیف العمری کے باعث یہ اہم کام پایہ تکمیل کو نہ پہنچا سکے۔ عمادالملک کا انگریزی ترجمہ سورہ اول فاتحہ سے بیسویں سورہ طٰہٰ (پارہ ۱۶) تک ہے۔ ڈاکٹر حسن الدین احمد آئی۔ اے۔ ایس (ریٹائرڈ) کے بیان کے مطابق محققین اور علماء سے صلاح و مشورے کی غرض سے بیس سورتوں کے اس انگریزی ترجمے کی سو، ڈیڑھ سو کاپیاں بطور پروف چھاپی گئی تھیں۔ اس کی ایک کاپی ڈاکٹر صاحب کے پاس محفوظ ہے۔ بعد ازاں یہ کام آگے نہ بڑھ سکا۔

اس ترجمے کی قدر و قیمت اور وقعت کا اندازہ مولانا عبدالماجد دریاآبادی کی رائے سے کیا جاسکتا ہے جو درج ذیل ہے۔

عمادالملک کا اہم ترین کارنامہ جو تنہا ان کے بقاء و نام کے لئے کافی ہے وہ ان کا انگریزی ترجمہ قرآن مجید ہے۔ جن لوگوں نے انگریزی تراجم کو قرآن مجید سے مقابلہ کر کے پڑھا ہے وہ سمجھ سکتے ہیں کہ سیل، راڈول، پامر وغیرہ کے ترجمے کس قدر ناقص ہیں۔ مذہبی تعصبات و مخالفانہ در اندازیوں سے قطع نظر کر کے ان حضرات نے معمولی عبارتوں کے سمجھنے میں بھی ایسی شدید و فاحش غلطیاں کی ہیں کہ سارے مطالب قرآنی مسخ ہو کر رہ گئے ہیں۔ اس بزرگ قوم کے اس احسان سے قوم قیامت تک سبکدوش نہیں ہوسکتی کہ انہوں نے اس مقدس فرض کو بہترین صورت سے انجام دیا۔ ان کے ترجمے کا اعجاز یہ ہے کہ باوجود انتہائی احتیاط اور لفظی پابندیوں کے التزام کے سلاست و روانی میں بھی کسی اہل زبان کے ترجمے سے کم نہیں۔ اگرچہ اس کا سخت افسوس ہے کہ فاضل موصوف کی کبر سنی، ضعف صحت و اضمحلال قوی کی بناپر اس کی توقع نہیں کی ترجمہ تکمیل تک پہنچ سکے۔ تاہم اس کے جس قدر اجزاء تیار ہو چکے ہیں وہ منتہائے تحقیق و کاوش کا نمونہ

ہیں اور اس پایے کے ہیں کہ انہیں کو نواب عمادلملک کے آیات کمال کا سرنامہ بنایا جائے۔ در حقیقت اگر نواب صاحب کی ساری زندگی کا صرف یہی ایک کارنامہ ہوتا تو اس آفتاب کے سامنے دوسروں کے خدمات ماہ و انجم سے زیادہ حقیقت نہیں رکھتے۔ (تذکرہ مصنف از مولانا عبدالماجد دریا آبادی مشمولہ رسائل عمادالملک)

انتہائی حیرت کی بات ہے کہ یہ ترجمہ شائع نہیں ہوا ہے، جب کہ قدرداں حیدرآباد کی قدردانی اور بروقت اشتراک کی وجہ سے دوسرے اس قسم کے بہت سے کام منظر عام پر آچکے ہیں۔ نواب عمادالملک کا یہ گنج گراں مایہ کسی پوشیدہ خزانے کی طرح ہنوز پوشیدہ ہے۔ ضرورت اس بات کی ہے کہ نواب عمادالملک کے اس عظیم کارنامے، ترجمہ قرآن مجید کو نامکمل سہی شائع کیا جائے تا کہ ساری علمی دنیا اس کارنامے سے واقف ہو سکے۔

* * *

مکرم نیاز کی تین کتابیں

حیدرآباد دکن
(کچھ یادیں، کچھ جھلکیاں)

راستے خاموش ہیں
(منتخب افسانے)

فلمی دنیا: قلمی جائزہ
(تبصرے/تجزیے)

بین الاقوامی ایڈیشن درج ذیل معروف بک اسٹورس پر دستیاب ہیں

Barnes & Noble   Walmart   Amazon.com